哲学系インタビューBOOK

TISSUE

特集

まなざしのいいひと

JN255675

たった２つの要素

ハンカチーフ・ブックス編集長　長沼敬憲

ヒトが生きるということは、生活するということであり、そこには食べたり、呼吸をしたり、眠ったり、日の光を浴びたり、考えたり、さまざまな行為が含まれています。

それはヒトであれば、ほぼ共通していて、大きな違いはありません。違いがあるとしたら方法の部分で、食べ方や呼吸の仕方、眠り方は、住んでいる土地によって変わってきます。

変わってくるのは風土の影響によるもので、そこに固有の文化が生まれます。

文化だけを見ていると、この地球上のあまりの多様さに驚かされますが、文化を成り立たせているものについては、僕はたった２つの要素しかないと思っています。

それが、身体と生命です。

どんなヒトも身体と生命を持っているという、すべてはそこから始まります。それが生きていることなのですから、哲学もまた

まえがき

この2つから生まれるととらえると、何だかすっきりしてきます。

身体という言葉には、心と体の二つの側面があります。心という目に見えない思いや感情を含めたものが「からだ」であり、それは学問としても扱うことができます。体については、解剖学的な視点からその成り立ちを学ぶことができますし、そこから派生した医学や栄養学、あるいはボディーワークなど、どれも体について知るうえでとても役に立ちます。

心については、基本的には心理学が扱っています。ロジカルに表しきれない面もありますが、ここからはさまざまなセラピー（治療法）、メンタルトレーニング、ストレスマネジメントの手法が生まれ、最近ではマインドフルネスのようなノウハウが注目されています。もちろん、宗教が担っている部分、関わってきた部分も大きいでしょう。

ただ、身体は自己を成り立たせる容器のようなもので、そこに生命がなければ、私たちの活動は生まれません。

生命とはなんでしょうか？　にわかにその答えが出せないとしても、生きているかぎり誰もが持っているものであることはわかります。身体と同様、やはり共通した何か、なのです。

ひとつだけ言及するならば、同じ目に見えないものでも、生命と心は重ね合わせられるものではないということです。

なぜなら、心は生命活動のなかで生み出されたもので、感情は汗のように湧き出しては、やがて蒸発していきます。その意味では代謝し、恒常性を保っている体と大きな違いはないからです。

つまり、心を含んだ身体と、その身体を成り立たせている生命、この2つを生きている現実から取り出すことで、ヒトという存在について語れる、哲学できる土台が生まれるのです。

その意味では、哲学はとても身近なものであり、同時に、つねに感じていなければならないものです。

文化の多様性はすばらしいものですが、根幹にある哲学が感じられなくなると、差異ばかりが浮き彫りになって、むしろその優劣を論じあう形になりかねないところがあります。

もっと根っこの部分に立ち返って、身体と生命を共有することから始めてみたらどうでしょうか？　それができたとき、多様性を成り立たせているつながりが実感できます。そのつながりを知ることが哲学であるのなら、身体と生命を持っている私たちは誰もが哲学者ということになります。

もちろん、そのなかには「立派な哲学者」もいますし、「それほどでもない哲学者」もいるでしょう。でも、その判断基準は優劣ではなく、美しさやりりしさなど、振る舞いのなかに表れます。

優劣は比較を生みますが、振る舞いは比較しなくても、本来、ただそれを見るだけで感じられるからです。

この感じる力は、身体に張り巡らされたセンサーのようなもので、このセンサーが使えている状態が、感性がある、センスがあると呼ばれる状態です。昔の人は、それを粋と呼んだりしました。できればそのあたりの感覚を共有していきたいですよね。

そのためには、自分よりもセンスのある、優れた哲学者から学んでいく必要がありますが、彼らのなかには、振る舞いだけで、自らの哲学をうまく言葉にはできていない人もいます。

ただ自分のなすべき仕事をしているだけで、感じていることをいちいち言葉にしない人もいるでしょう。

余計なお世話かもしれませんが、ここに本が介在することで、こうした言葉にできないものを言葉にするお手伝いができる気がしています。あるいは、すでに言葉にしているものを少しだけ翻訳して、違うフィールドにいる人に届けることも可能でしょう。
それがいま、あなたが手にしている『TISSUE』という雑誌が目指していることで、そんな思いを込めて、わかりやすく（かはわかりませんが）、哲学系インタビューBOOKと銘打っています。

言葉にしなくても、哲学があれば、自分らしく生きていけます。でも、そのエッセンスがうまく言葉にできた時、自分のなかでフッと他者とのつながりが実感でき、世界との結びつきが強くなることもあります。

できれば、このつながりをしっかり感じとり、ずっとおなじ、変わらない自分でい続けたいものです。身体はつねに変化しますから、それはむしろ生命の領域かもしれません。生命を持つということは、宇宙を知る最大の手がかりです。ライフスタイルは哲学であると同時に、いまここで宇宙につながる生命の物語でもあります。

　どの時代、どの場所でも変わらないものがあると気づけた時、きっと、ふしぎな安堵が生まれるでしょう。

Index

特集　まなざしのいいひと

Introduction

いのちと芸術をつなげる

稲葉俊郎（医師）

まだ肌寒い２月の鎌倉、由比ヶ浜の近くにある古民家で、医学と、生物学と、芸術が混じりあう対話が行われました。

語りの主は、医師の稲葉俊郎さん。東大病院、循環器科のお医者さんという肩書きはありつつ、その目線はもっと地平の先、生きることの本質を探っていく旅人のようなたたずまいがありました。

科学は様々な領域を細分化させ、「科」を「学ぶ」世界をつくりだしましたが、そのもとにある『生命』に「科」という境界はなく、自然はすべてつながっています。

砂浜に落としてしまったビーズのように、バラバラに分かれてしまったものを両手で丁寧にすくい上げると、複雑な光が重なる本来の美しい『生命』の姿が見えてきます。

体調を良くし、病気を治すといった医学の話だけにとどまらない、稲葉さん独自の、医学、生物学、芸術を重ねたお話から、私たちの日常生活に本来の『生命』を蘇らせる手がかりを、探っていきます。


長沼敬憲（ハンカチーフ・ブックス編集長）

体を通して自己発見する

――稲葉先生の専門は循環器ですよね。普段は東大病院で？

稲葉　そうですね。毎朝8時くらいに病院に行って、20人くらいの患者さんを担当しています。ほかに外来をしたり、カテーテルを行ったり。胸の痛みなど、具合が悪い人を調べるのが基本です。

――そうした専門を軸に据えながら、もっと広い視野で生命や身体に関心をお持ちですよね？　そのルーツをまず伺いたいと思うのですが。

稲葉　子供の頃に体が弱かったんです。2～3歳くらいの頃にいろんな病気にかかって、入院ばかりしている子どもでした。そこから自分の体や生命のことを考えました。冥土の土産じゃないですけど、子どもながらにずっと考えていましたね。早くに死ぬと思っていましたから、子どもながらにずっと考えていましたね。

――それが探求というか、自分自身を見つめるきっかけになったんですね。

稲葉　ええ。子どもって言葉の表現ができないだけで、内的世界ではすごく哲学的なことを考えていると思うんです。

――医療の道はその過程でリスペクトされたんですか？

稲葉　医療スタッフとか、いろいろな方に命を助けられたので、半分恩返しのような気持ちです。「もうけもん」みたいな人生なので。

――健康とは何か、お医者さんごとに生命観があると思いますが、先生はどう捉えてらっしゃいますか?

稲葉　病気をただ治せばいい、なくなればいいという発想は表層的な考えだなと、臨床をやっていてすごく感じますね。自分の体に起こる現象を通して、自分がどういう発見をするのか?　そうした対話のひとつとして、健康や病気という状態があるのかなと。自己発見、自己探求、自己変容と言ってもいいかもしれないですが、医者はそのサポートをすることが大切だと思っています。

「生命」を結び直す

――心、意識、体、共生しているウィルスや細菌など、すべてが複合する形で生命は営まれていますよね。

稲葉　人間という種がどういう存在なのか、生命の世界の中で俯瞰して見ていく必要があると思うんです。その中に多様な生き物が存在し、共生しているわけで、抽象的な宇宙空間に人が孤立して存在しているのではないですよね。

――目に見えない生き物との関係性の中で、調和したりしなかったり、快が生まれたり不快が生まれたり。

稲葉　病気は表面的な問題で、基本的には生命の世界なんですね。その生命との関係性が切れたら、自分の意志でもう一回結び直す。そうした関係性が更新されていく中で調和ができます。

――ウィルスや細菌が感染するのも結びの一つだと思いますが、感染症は脅威として存在してきました。

稲葉　過去の時代、細菌やウィルスによってペストや天然痘が起こって何百万もの人が死にました。そうした感染症に西洋医学はかなり有効であったということは、重要な要素だと思います。ただ、簡単には死ななくなりましたね。

――死ななくなってしまったことで、死生観も生命観も変わってきた？

稲葉　何が自分の人生の主題なのかを押さえておかないと、結局なんのために健康になったのか、何のために長生きしているのかという話になりますよね。

――死ななくなってしまった分、相対的に生命力は低下した気がします。

稲葉　西洋的、一神教的なバックボーンがあると、部屋が寒かったら暖房などで暖めて、物理的に温度を上げようと考えます。いわば、外の環境を変えていくわけです。それに対して、自分の内的環境を変えて対応しようというのがもともと伝統的な考え方です。つまり、自分の体がまず温まればいい。そういう発想がヒマラヤのヨガ行者などにはあると思います。

——細菌やウィルスを排除するのではなく、感染していても発症しづらくなるイメージですね。

稲葉　ええ。排毒機能とか、求められるものが違ってきますね。

細胞どうしの「ウィンウィン」

——健康の話につながってきますが、生命が複雑化していくきっかけとしてミトコンドリアがあります。もともと寄生した細菌だったという説があるように、これも共生ですよね。

稲葉　ビジネス系の人が「ウィンウィンの関係がいいよね」と言いますけど、それに近いかもしれません（笑）。当時、生命にとって酸素は毒だったわけです。いまでも活性酸素が毒だと言われますけど、ミトコンドリアのもとになった菌は、酸素をエネルギーに変える離れ業、逆転の発想を持っていたわけです。酸素を栄養にしてエネルギーにする、それを細胞も使う。ミトコンドリアも細胞の中に入っていれば安全だから、居候みたいな感じだったのが、本格的に同居人、ファミリーになったんです。

――はじめは別々だったけれど、一緒の会社みたいになっちゃったと。ミトコンドリアが細胞の中に入ったのは、20億年くらい前でしたっけ？

稲葉　そのあたりの時代にムーブメントが起きたんじゃないですか。コラボブームみたいな（笑）。それまでは独立していて、「そのほうが意識高いよね」みたいな、コラボのほうが前衛的な考え方だったと思うんですが、個を消して、もうちょっと集合意識で行こうよとなったんでしょう。

――その結果、膨大なエネルギーを生み出せるようになり、細胞としてレベルが上がったわけですよね。

稲葉　まあ、一長一短ですよね。原核細胞と真核細胞があって、（ミトコンドリアが入り込んだ）真核細胞は遺伝情報を核の膜の中に閉じ込めていますが、原核細胞は遺伝情報がむき出しでプカプカ浮いている。大事なものだから箱の中に入れて大切にしておきましょうというのが真核細胞ですが、どっちも一長一短、善悪や優劣では語れないですよね。

ヒマラヤ行者と「気体食」

――もちろん、大腸菌などのように、いまも原核細胞のまま、分裂しながら生きてきた生物もいますよね。

稲葉　シンプルなデザインが優れているようなもので、原核細胞のデザインも優れているからずっと残っているわけです。その一方で新しく特殊化されたものもある。全部が調和していて多様化しているのが生命の前提や本質だと思います。

――ミトコンドリアもＤＮＡが残っていて、半分生物のような存在ですね。

稲葉　研究者に言わせると、ミトコンドリアは20～200個が融合したり離れたり、つねに動的平衡で動いていて、小さな島みたいに存在しているわけではないようです。集合体としての原理で動いているんでしょう。その意味では、水みたいなものなんじゃないですか。こう、集まったりバラバラになったり。

――そこに酸素や栄養が届いて、僕らが生きていくための活動エネルギーが得られる。ちゃんと機能していなかったら根本的に健康にはなれない気がします。

稲葉　呼吸法について、僕もいろいろとやっていますけれど、根本は一個一個の細胞に酸素を届けることで、そのシステムの中に肺呼吸があり、血液があり、ヘモグロビンがあり、そうした全体の中で酸素が運ばれているわけです。

――たぶん、ヨガの達人クラスは、60兆の細胞にきちんと酸素を届けられる術を得ていて、だからあれだけ心身が活性化するというか……そもそも、あまり食べないじゃないですか。

稲葉　僕は食というのは、「固体食」「液体食」「気体食」があると思っていて、「気体食」は空気のことなんです。それは食事の一環で、生命にとってはどれも大切なものですが、ヒマラヤ行者みたいに固体や液体が少ない世界に住んでいる人は、気体だけでエネルギーを作り出さないといけない環境に適応していっているわけです。

――高地だとその酸素も少ないから、まさに必要に迫られて……。

稲葉　技術が生まれたんじゃないですか？ プラーナを呼吸するだけで生きられると言われていますけれど、ある環境の中で必死に生き延びてきた切実な命の要請から生まれた技術ですから、必要がない人には本質的じゃないと思います。

「何とかできる力」を信じる

――（インタビューした）鎌倉でそういう

環境を作れるかといったら難しいですし、だったら……。

稲葉　そう、与えられた環境の中でベストを尽くせばいいんです。水は飲んだほうがいいですし、食べ物もそう。僕は登山をしているので、余計にそういうことを感じるんです。北アルプスを厳冬期に歩いたりすると、食べ物も自分が持ち歩いたものしかないですから、一滴の水が体を通過したのがわかるくらい生命の力が更新されるのが実感できます。（こうした感覚は）体験や体感を伴わないと、ただの観念でしかないと思いますが。

——日常的な環境の中、都会で仕事をする中で、感覚をうまく活性化するにはどうしたらいいでしょう？

稲葉　僕は、活性化というのはほんとうに生命の必要に迫られないと出てこないと思っているんです。それは運命としてやってきますから、その時にはじめて自分の生命との会話が始まるんじゃないでしょうか。それを内部に捏造しても何もいいことがないですよ。

——要は、ピンチがやってきてもウェルカムだと。

稲葉　本当に困った時、人は何とかするんですよ。人はそうした何とかできる力をもっていると考えています。それを伝えるのが医者の仕事です。

――患者さんにも、もちろんあると。

稲葉　そうです。精神的にも肉体的にもね。医者はそれを信じる助けをするということでしょうね。

――末期ガンなどでも、死んでしまう人がいる一方で、治ってしまう人もいる。様々なケースがありますよね。

稲葉　「ガンが自然に治る」という考え方は大事ですが、反西洋的な見方をしている人は「西洋医学なんか人殺しだ」という自分の考えを強化するために使っちゃうわけですよ。

――確かに自然治癒というと、現代医療を批判するステージで使われやすいですが、抗ガン剤が悪いとか簡単には決められない面もあると思います。

稲葉　ええ。その一方で、西洋医学をやっている医者も「それ以外の選択肢があるかもしれない」ということを知らないし、僕に言わせるとお互い無知なんです。身体のことを多角的に勉強していないのに平気で、プロなのかなと思ってしまうこともあります。

「病院」と「養生所」

――稲葉先生みたいな人は、やはり稀有な

のでは？

稲葉　どうなんですかね。ある手段に限定せず、あらゆる手段をつねに模索するというのが本来の医療だと、僕は思っているのですが。そもそも、「病院」という名前がよくないと思うんです。病院は病院なので、病が興味の対象になってしまう。僕自身、最初は病院をもっとよくしたいと思っていたんですが、病院である以上病院でしかなくて……。

――言葉によってネガティブなものが意識化されちゃいますよね。

稲葉　そうなんです。だから、病人じゃないといてはいけないんです。みんな病人にならないといけない。

――「患者」も患う者ですから、違和感がありますね。

稲葉　そうそう。3月11日、ちょうど震災のあった日に、ＮＨＫの「SWITCH」という番組に出るんです（音楽家・大友良英と共演。２０１７年の同日に放送済み）。お互いに対談相手を好きな場所に案内して、そこで話すという番組なのですが、どこに招いたと思いますか？

――ええと、どこでしょう？

稲葉　答えは小石川養生所、いまの小石川植物園です。もともと徳川時代に貧民を無料で助けるために薬草園をつくっていたんです。その流れの中で東大医学部ができているんですね。「赤ひげ」という黒澤監督の映画も小石川養生所の話です。それが東大医学部のそもそもの本流で、東大医学部はそれを忘れているという提案、アンチテーゼとして出したくて。

――おお、アンチ東大（笑）

稲葉　いやいや、それが僕の本流なんです。つまり、植物園の中でやっていたのが医療の本質なんだと。病院じゃなく、養生って、「生」を「養う」じゃないですか。病院と同じ数だけ養生所ができて、代替医療でも食事療法でも芸術でも、なんでもいいですが、あらゆる生を養うことをやって、病院と補完しあえればすごくいいと思うんですよ。だから、病院を変えるのではなく、養生所を日本中につくっていく。そうやって病院と連携していくあり方を目指したいなと思うんです。

――それが医療制度ともうまく噛み合うといいですね。

稲葉　制度と矛盾なく、フィットしていくようにやりたいなと思いますね。

――いま、医療は難しいですよね。薬価で成り立っていて……。

稲葉　ですよね。資本主義の論理に乗らないといけないですからね。だから、さらに先の話をすれば、物々交換とか、何かを交換することで養生所の運営が成立するようになれば新しい経済になりますよね。そういうものを作ることで、生命に回帰する運動が起きるのかなと僕は思っているんです。

心のエネルギーの補給

――先生の中では、芸術と医療がつながっておられますよね？　どちらも体に作用しますから、つながっているはずですが、そうした発想をするお医者さんもまだ少ない気がします。

稲葉　そこが僕には不思議なんですが、人間って、体のエネルギーと心のエネルギー、それぞれ違うメカニズムで動いていますよね。体のエネルギーは食によって供給していますから、ちゃんとした食事をしないと体は維持できませんが、それがすべてではない。「なんだか幸せじゃない」と感じている人は、おそらく心のエネルギーが枯渇しているんです。心のエネルギーは文化と芸術でしか供給できません。それがないと心は働いていかないですから。

――メンタルヘルスや精神医療はありますが、それも含めて医療と芸術って、あまりつながってないですよね。

稲葉　それは食事をとっていないのと同じことで、ないものはないのだから、そういう場合は外から取り入れないといけないんです。それが文化や芸術だと僕は思っているんです。

――芸術に接することは、心の食事のようなものなんですね。

稲葉　そうです。体の食事は「1日3回」とある種の固定観念のように決められているからみんな食べていますけど、（心の食事も）それくらいやってもいいいと思っています。1日3食とるように、朝昼晩と音楽や本や絵画に接するという。

――効きそうですね（笑）。

稲葉　間違いなく効きますよ。なんでそれをやらないのかなと。僕はそういう時代にならないといけないと思っています。そもそも、芸術というものが過小評価されているでしょう?

芸術が病を癒す

――朝、音楽を聴くとか、手軽にやれることはありますよね。

稲葉　それが、朝起きてテレビをつけると、誰かが殺されたとか、悪いことをしたとか、憎悪を湧かせ、心のエネルギーを減らすようなものばかりで、僕なんかはすぐ切っちゃうんですけど。それよりも、自分の心の栄養になるようなものを取り入れて、1日を楽しく過ごしたほうがいいでしょう?

――8時くらいからワイドショーが横並びでやっていますよね。

稲葉　誰かの文句とかばっかりですよね。そういう構成がされていて、無自覚に取り込まれているのに危機を感じるんです。

――心で食べているんですよね。

稲葉　食べているんですすパクパクと。

――それで体に影響している。

稲葉　そう。それが自分の生命を構成する要素として働いています。心のエネルギーも選択できるんですから、選ばなきゃいけない。芸術や文化活動がどのように人に影響を与えるのかという意識が少なすぎるから、中毒性が高いワイドショー的な情報があふれているんです。

――芸術とか文化というと、どこか高尚なものとして……。

稲葉　遠ざけていますよね。ガラスケースに入れるように。それこそ関係性を取り戻さないといけないです。

――本を読むとか音楽を聴くとか、入口はそのあたりでいいですよね。

稲葉　ええ。僕が提唱したいのは、自分でやるということですね。もともと僕も絵を描いていて、捨てていたんです。それをもったいないと言われて、封筒に絵を描いて友人に渡たすようになりました。

——すごいプレゼントですよね。（手元にある封筒の絵を指しながら）これ先生がお書きになって。

稲葉　基本的には、自分自身のための活動なんです。自分との関係性を結ぶためにやっていて、よかったら人にも分け与える、それが芸術の基礎になると思うんです。それはお金で流通するものではなくて、心とか魂の中で交流していくものなので、数値化できないですけど。

——俗っぽい言い方ですけど、稲葉先生にとっての健康法みたいなものですよね？

稲葉　そうそう。健康法とか養生法ですよね。心のエネルギーを循環させたり放出させたり、また取り入れることも同じ養生法だと思います。

村上春樹は神話の語り部

——芸術といえば、いま村上春樹さんを読んでいるんですよね？　最新刊（『騎士団長殺し』）を。

稲葉　（昨日が発売日だったので）走って大学の生協に買いに行きました、待ちきれなくて（笑）。

――先生にとって主治医のような?

稲葉　ですね。村上春樹は、人間の意識活動を支えている「深い階層の意識」を扱っているんです。それは極めて抽象的な世界なので、作品化すると神話とか昔話になっていく。それだと現代人につながらないから、文体の力を使って、現代の人に伝わる神話を書いている。古事記とか日本書紀とか、ギリシャ神話みたいなものを現在的な文体で描いているから国境を越えて伝わるわけです。

――なるほど。

稲葉　(物語の)表層的なものだけを追っていると、ただの内気な少年が浮気したり不倫したり、疲れて逃げていったりという読み方もできますけど、その底にあるものを読んでいくと、少年はただの象徴でしかないわけです。ギリシャ神話も、ゼウスが浮気したり暴れたりしていて、そこだけ読むとくだらないけれど、アクセスしているのはそういうものではないわけですよ。

　人間の意識が何十億年という時間をかけて少しずつ作られていったとき、いろいろなイメージ世界が重なっていまの世界ができていると思うんですけど、そうした僕らのルーツ、意識の古い地層のようなところを描いているのが村上春樹だと思いますね。まあ、村上春樹論だけで何時間でも話せますね（笑）。

——読書会でもやろうかな。みんな本を持参して。

稲葉　そうですね（笑）。もし自分の中で「何か足りない」と感じていたら、そうした文化や芸術との出会いが示唆を与えてくれると思います。

「真」と「善」を調和するには

——「真善美」という言葉が哲学のテーマとしてあって、ニーチェも言っていますけど、その中でも「美」が人にとって最も直接関わってくると思うんです。

稲葉　「真とは何か？」「善とは何か？」を考えることも大事ですけど、これって戦争の火種でもあると思うんですね。自分が一番正しい、自分が善だというふうに、「真」と「善」はぶつかり合いますが、それを調和するのが「美」です。「美」は対立ではなく調和の世界ですから。

——調和であり、生命の根源に最もつながっているエッセンスというか。

稲葉　調和するものが欠けていると、それはただの押しつけになり、喧嘩になり、対立になる。人間の体も、「病気と闘う」というのは人間の考えを押しつけているわけですよね。でも、体というものは、調和した世界の中で存在している。病気も調和のプロセスの中で発動していると思うことが大事で、病むこともある種の調和のプロセスなんです。

――理屈を超えたものであり、空間的なものであり、言語化が難しい。それを芸術家は……、たとえば村上春樹さんは言葉に変えていますよね。

稲葉　広義でいえば、絵も言葉ですし、自然現象も広い意味で言葉ですから、もうちょっと広義のメタファーやシンボルを含めると全部ある種の言葉ですね。

――真は科学、善は宗教、その対立軸から昇華するためには、美が必要。

稲葉　それがないと、(真も善も)アンバランスなものになっちゃうんでしょうね。代替医療とかスピリチュアルとか、精神世界の中で語られるアンバランスさというのは、そういうところにあるのかなと。それだけを取り出してね。

――「真」と「善」を対立させるところがありますよね。「科学はおかしい」とか、「宗教はあやしい」とか。

稲葉　そのあたりの構造はじつは似ていて。「要素還元主義」では、物事を分けて説明しようとしますが、それと一緒で、「精神世界が大事だから」とそれだけを取り出しても意味がないんです。

——要素還元主義の延長になっていると。

稲葉　そうそう、だから、もっと全体的なものなんです。生命とか人間の命とか、全体が大事なんです。

——全体を感じるには……。

稲葉　全体とつながったものを通してアクセスする必要があるでしょうね。そのひとつの象徴としてあるのが身体です。身体は全体性の中で勝手に生きてくれているわけですから、ここに一番の教材があることを知るべきでしょう。こうして一人一人が生きている以上、自分の身体や命と同居して、つねに学ぶ対象として一生接していくことが必要ですよね。

——その身体の中には、すごい数のウィルスや菌もいるし、ミトコンドリアみたいなものもいる。それらが調和するバランスは芸術的な気がします。

稲葉　ええ。そうした調和を壊しているのが頭ですよ。だから、そこから抜けださないと。そこに芸術や文化の役割があって、健康に生きるためのカギも隠されているのだと思いますね。

稲葉俊郎　Toshiro Inaba

1979年熊本県生まれ。医師、東京大学医学部付属病院循環器内科助教。東京大学医学系研究科内科学大学院博士課程を卒業（医学博士）。専門はカテーテル治療、先天性心疾患、心不全など。週一度の在宅医療往診も行う。東京大学医学部山岳部監督、涸沢診療所（夏季限定山岳診療所）での山岳医療も兼任。伝統医療、代替医療を医療現場へと応用していくことを前提に、それぞれの技術や知識を共有するための場として未来医療研究会を立ち上げ、活動中。

http://toshiroinaba.com/

アートはヒール、アーティストはヒーラー。人が癒されるしくみはどこに？

ハンカチーフ・ブックス編集長　長沼敬憲

美術館は「養生所」かもしれない

稲葉先生と初めてお会いしたのは、かれこれ1年前の2016年10月、鎌倉の円覚寺で行われた、その名も「鎌倉会議」という、マインドフルな公開ミーティングに参加した時のこと。

イベントの合間に稲葉先生を発見し、いそいそとご挨拶したところ、二言三言話され、最後にくまモンが象られたかわいい名刺をいただきました。

そうか、熊本の出身なのか……いや、対面したのはこの時が初めてでしたが、僕のまわりでは、いつの頃からか、頻繁にお名前が出てきていました。だから、何とはなしにチェックしていて……。

「稲葉先生、とても素敵だからお会いしてみては?」

いろいろな方にすすめられるうちに、その気になり、一度お会いしたことをご縁だと解釈しつつ、年が明けた2月、同じ鎌倉の由比ヶ浜にある古民家でトークイベントの実現にこぎつけました。

企画者の僕が最初に伺いたかったのは、腸やミトコンドリアに結びついた、人を見えないところで動かしている共生者たちの話でした。


ただ、気がついたら、微生物の話も飛び超え、「医療とアート」という先生が最も大切にされてきたであろうテーマにつながっていきました。


食べることで得られる栄養、それは当然のこととして、呼吸することで得られる栄養、ここでプラーナ(氣)の話が出てきて面白くなり、最後は、感じることによって得られる栄養、心の栄養。

そうしたすべてを摂取することで、人は元気が得られ、ときに病すら癒すことができる。

そうか、呼吸も酸素だけでは語りきれないけれど、心の栄養になると完全にいのちの世界だな。こういう栄養をどう言葉にすればいいだろう?

そんなことを思いつつ、これはまさに総合栄養学……いや、ここまで包含して初めて、文字通りの「統合医療」になるのではないかな？　だとしたら、新しい学問を樹立させないと……。

稲葉先生は、僕の自問をよそに、そうした総合医療の視点をシンプルな「養生」という言葉につなげ、病院から養生所へパラダイムシフトしていく大きなビジョンを話されました。

病院よりも美術館のほうが、よっぽど人を癒し、元気にできるかもしれない。だとしたら、美術館こそいのちを養う養生所なのかも。

医療や健康の分野に長く携わってきた僕としても、その文脈はまったくもって共感できるし、そんなふうに医療の仕組みがドラスティックに変わる瞬間に立ち会えたら、どれだけエキサイティングだろう！　そんな空想すら浮かんできます。

これまでの稲葉先生のSNSを通じ、このときのお話を通じ、絵画、演劇、映画、書籍……さまざまなアートに接する日常をかいま見るにつけ、僕自身、まだまだ総合医療を語るには早いかなと思いつつ、その一方で、こうも思います。

芸術というエビデンスの通用しない世界では、価値基準がどう設定されていくのだろう？

たとえば、その人の発するエネルギーを「華がある」と感じることで、そこからスターが生まれ、カリスマが生まれ、彼らが覚醒していくことで、多くの人のいのちを蘇生させ、希望を与える。

稲葉先生もおっしゃっていましたが、それって明らかにヒーリングであるわけで、芸術家は同時に名医であったりするわけです。

そうした治療の世界を、どうやって、どんなふうに語っていけばいいのか？　この領域を今後ますます探求し、言語化したくなってきました。

稲葉先生、ますますのご活躍を。

トークショー当日、稲葉先生が皆さんに書いてきてくださった直筆のイラストのひとつ。

スッと流して変化しよう

桜井章一（雀鬼会会長）
齋藤学（プロサッカー選手）

取材・文：尹雄大

強くなろうとスキルを磨いても、それだけでは強くなれない。そんな見えない壁を突き抜けるのに、なにが必要なんだろう？　才能？　それとも違う何か？

プロサッカー選手・齋藤学さんの対談シリーズは今回で３回目。サッカー選手としてさらに飛躍するための次の一歩、それが伝えられる人って誰だろう？　そう思った瞬間、迷いなく思い浮かんできたのが、「雀鬼」の異名で知られる桜井章一さんでした。

「僕、麻雀は全然わからないんですけど大丈夫ですか？」

シーズンオフの２０１６年１２月、そんな彼の懸念をよそに、怖さと優しさが同居したような、ふしぎな、刺激的な対話が始まりました。

なぜという理屈を離れたところで、ただできるからできてしまう。わかるからわかってしまう。麻雀だけじゃない、だって、日本でもトップクラスの、初対面のサッカー選手に「体さばき」を教えてしまうのだから。

常識という物差しを捨てていく。世界とつながる。自然と戯れる。そんな体験のなかで、人は気がついたら魔法の杖を手にしているのかもしれません。

長沼敬憲（ハンカチーフ・ブックス編集長）

欲があると負けてしまう

齋藤　この一年ほど、食事を変えたり、武術の勉強をしたり、サッカー選手としてのレベルを上げるため、いろいろな変革を試みてきました。食事では、以前は夕ンパク質をたくさん摂るようにしていたんですが、いまは食べ過ぎないことを意識し、食べない時間を設けたりしていいます。その結果、体質が変わりましたし、パフォーマンスもすごく上がりました。

桜井　そんなふうにいろいろ変わるんだね。私は子供の頃は茶碗4杯くらいお代わりしていたけれど、いまは一日一食くらい。そんなに動かないから腹は減らない。健康だったらもっと食べるんでしょうが、見ての通り体に悪いタバコも吸いますからね。

齋藤　現役の頃も少食だったんですか？

桜井　勝負が近くなると何も食べたくなくなる。飲みたくないし、寝ない。というより眠くならない。おまけに女性も見たくなくなってしまう。それがいいからやってるわけじゃなくて、自然と受けつけなくなるんですよ。

齋藤　コンディションを整えるためにしていたわけではないんですね。

桜井　食べ物、睡眠、女性とどれも自然の欲求の源みたいものでしょう。勝負は欲があると負けてしまう。欲があるから「ここ一番」の時でも諦めずに勝てるように世間では思っているけれど、そういうレベルを超えていくと欲そのものが邪魔になるんです。まして、あれこれ考えて、意識でやっていこうとすると、そのレベルで終わるし、体も壊れたりします。

齋藤　そうかもしれません。意識的な動きで言えば、僕は筋力トレーニングをやらなくなりました。体の使い方ひとつで筋肉に頼らなくても動き出せるのを知ったことがきっかけですが、いまのほうが居心地いいですね。プレイしていても思っているような動きができますから。

桜井　筋肉を鍛えると、安易に力に頼ってしまうからね。力ってニセモノなんですよ。世の中には権力とか財力とか、力と名のつくイカサマっぽいものがたくさんあるじゃない。筋力もそう。考えてみれば、生まれたばかりの赤ちゃんは力なんて使いません。ところが大人になると、力というものに社会的な価値を置くようになる。だから、スポーツにしても「力が出るほうがいいんじゃないか」ということになっていくんでしょう。

齋藤　僕の場合、筋肉に頼らなくなったら動きも変化しやすくなったし、頭もスッキリするようになりましたね。

桜井　人間は心身しかないんだから、心構えと体構えが必要です。体について言えば、さばきが大事ですよ。遊び上手な子供はうまくさばいていくでしょ、人つきあいにしたって、遊びの流れにしたって。麻雀も起こっていることをさばけばいいだけ。勝とうとするのではなくて、起きていることをただきばいていく。

齋藤　さばくんですか。

桜井　魚をさばくのも同じ。包丁の入れ方ひとつで驚くくらい味は変わりますよ。ただ切ればいいのではなく、やっぱりさばかなきゃ。その場で必要なことを感覚でやっていくことが大事です。

何も考えないでプレイする

桜井　申し訳ないんだけど、サッカー嫌いなんだよね。やられたふりして痛がって転がったりするじゃない？　それでペナルティを取られないとわかったらすぐに立ち上がる。そういう汚い駆け引きを見たものだから、好きになれなくなったんだよ。うちの孫たちはやってますけどね。

齋藤　一流の選手は、汚いプレイもうまいんです。それでＰＫをとって勝つこともありますから。

桜井　こちらは動きから入ってしまうから、ちょっとした動きの中で汚さが目についてしまうと、見る気がなくなってしまう。ただでさえ人間って汚いじゃない？　きれいな奴なんていやしない。だからサッカーの盛り上がりは、人間の持つ汚さに共感しているからあそこまで一体感が生まれるんじゃないかと思うよ。

齋藤　僕自身、以前は何がなんでも勝とうというスタイルでした。でも、いまは何も考えないでプレイすることに徹しています。たまにラフなプレイをされて怒りが湧いてしまうことはあるけれど、でも、だいたいは無の気持ちでやれていると思います。そのほうが自分が動きたいように動けるし、楽しいです。

桜井　何だって楽しいのがいちばんだ。私は人間よりも自然と戯れているほうが楽しいけれどね。だって自然は嘘つかないし、ズルしないし、圧倒的に強いじゃない？　前に7メートルくらいの津波のような波に持っていかれて、気づいたら海中で体の上に畳一畳くらいの岩が乗っかって挟まれたことがあるんだ。

齋藤　どうやって脱出したんですか？

桜井　いや動けないし、そもそも脱出しようという気が起きないよ。願っても努力しても助かるもんじゃないからね。むしろ、一緒に泳いでいた仲間でなく、自分でよかったと思った。年も年だしちょうど死んでもいい頃だから、時期としてはいいなとか、そんなこと考えていたら、大きな波が来て、3回目の大波で体に乗っていた岩が動いた。それで予想とは反して死なずに済んだわけです。

荒れた海というのは真っ白なんですよ。真っ白というのは本当に怖い。雪山と同じで、方向感覚がわからなくなる。まだ真っ暗なほうが手探りできていい。緊張したら頭が真っ白というけれど、あれは自分の状態がわからなくなるからですよ。

齋藤　僕も前は頭が真っ白になることがありました。でも、いまはそんなにないですね。とにかく、（プレイ中は）あんまり考えていない。ぼけっとしています。考えるほど疲れるし、あれこれしようと思わないほうがうまく動けます。

意識が動きの邪魔をする

桜井　試合前にある程度のことを考えておいて、それ以上考える必要はないということでしょう？

齋藤　そうですね。会長は何か想定して勝負に臨むことはありますか？

桜井　現役の頃、子供が出かける前に「今日は7位になって」と言うわけです。優勝をねだられたほうが楽だけど、7位に欲しい商品があると言うんだからしょうがない。まあ、終わったらちゃんとそこにちゃんと入っています。ですから、遊びでそういう予測は立てたりしますよ。

齋藤　その現象は、なんと説明すればいいんでしょう?

桜井　どうしてなのかわからないですね。戦略的にできないし、テクニックでもない。なんでできるか、自分にもわかりません。ただ、何十人と麻雀をしている中でそうやって(思った順位に)入るほうがおもしろいでしょう?

齋藤　ウーン、そうですか。では、なぜ負けるかはわかりますか?

桜井　負けるようにやっているから負けるんですよ。体の使い方も同じで、負けるべくして負ける。どうしてそうなるかと言うと、意識が余計に働いてしまう場合もあるし、運動能力がかえって邪魔になる場合もある。運動神経がいいから、いい動きができるわけではない。そうではないレベルというのがあるんですよ。

齋藤　意識が邪魔するのはすごくわかりますね。

桜井　たまたまうまくできたとしても、もう一回やろうとするともうできない。そういうのは練習したところでできない、そういうものですよ。

齋藤　外国人選手の中には、「なぜそういうことができるんだろう?」と思うような、すごいプレイをする人がいます。

桜井　動きに微妙な違いがあるんでしょう。

齋藤　流れを捕まえるのがうまいと言うか……言葉にはしにくいですが、何らかの流れの中でプレイしているんだろうなと思わされますね。そういう選手の前には、どういうわけか絶妙なタイミングでボールが転がってきますから。

つかむから動けなくなる

桜井　日本だと小学生がサッカーを習いに行くと、ある程度の広い場所で練習するわけでしょう。でも、貧しい国の人たちはどうだろう?　きっと整備された広い場所で練習はできなくて、小さい時から狭い道や車が行き交う危ない場所でやっていたかもしれない。その中で覚えたものは、整えられた場所で練習して身につけたものと違うと思いますね。微妙な中でつねに動いているから、動きのない動きができるようになるんじゃないかな。たとえば、麻雀の牌を回転させてみてごらん。

（齋藤選手、牌を回転させる）

普通はそういうふうにガタンとなるんだ。おまけに全部の指を使って動かそうとするでしょう？　でも、牌を持つのではなく触れる。（実演しながら）すると、動かずして動かすことができる。これは相手には見えない動きです。

齋藤　（驚きながら）本当に見えませんね。

桜井　サッカーでもボールを取る位置どりというものがあるでしょう？　選手の中には、そういう時に動かずして動くような人もいるのかもしれない。

齋藤　アルゼンチン代表のメッシは、そういうレベルだと思います。

桜井　そういう人は無駄な時間を使わず、必要な時だけ動くことできるはずです。たとえば、牌を握りこむと肘が動くし、肩が上がってしまう。無駄な動きが生じてしまうんです。でも、指先だけなら肘は動かないし肩も上がらない。支点のない動きになるわけです。

スポーツは支点を作ってしまうんです。体にいくつかの支点を置いて、それを素早く動かすのが運動能力と言われるし、そういうテクニックを磨いていくことが練習だと思われているでしょう。ただ、そもそもの話をすれば、力を入れてつかむ必要がないんです。牌を柔らかく扱うのは一番変化できるから。つかんだらそれ以上はもう変化できない。つまり、次の変化ができないという困った状態に自分からなってしまっている。自分でわざと困らせているんだから、困るようなことが起きるのは決まっています。困る＝負けです。それなら困らないようにしておけばいい。

齋藤　ああ、自分で困らせているわけですか。なるほど。

桜井　麻雀を頭でやっていると思ったら大間違いで、心の構えと体のさばき方で打っていくんです。そうしたら人の動きがすぐにわかる。表情で何をやっているかもわかってきます。

齋藤　感覚的にわかるわけですか？

桜井　1対1ならそこまで必要ないけれど、1対10くらいをいつも考えているとそういう状態になっています。

サッカーの試合は11人？　だとするなら、その全員と試合する感覚でやってみたらどう？　1対3くらいではおもしろくないでしょう？

齋藤　サッカーは1対1がベースですが、いまの僕は1対3くらいを想定してやっています。正面にいる相手、それを交わしてまた次の相手、さらに次の相手……

でも、11人いますね。

桜井 そうだろう?

齋藤 今度からは11人相手にするくらいの意識でやってみます。

桜井 そうなると全然違ってくるよ。たとえば、ボールはどこで蹴るの?

齋藤 いろんなところを使いますし、蹴る場所のちょっとした差で軌道は変わってきます。足に関して言えば、地面をつかむ感じは大事かなと思っていますが……。

桜井 つかんだら、そこからの変化が起きないんじゃないかな。自分の軸を作るためにつかんでいるんだろうけれど、つかもうとすること自体おかしいのかもしれないよ。たとえば、「夢をつかむ」とよく人は言うわけですが、実際はつかもうとしても、ごく一部の人しかつかめない。

つかまないで触れておくくらいがいいんじゃないか。それでもちゃんと軸はある。(上半身を傾けながら)軸はまっすぐなものじゃない、斜めでも通っている。まあ、サッカーを知らないから勝手に言っているんだけどね。

見ないほうが全体がわかる

齋藤 僕はサッカー界の常識とは反したことをしていることが多いので、会長のお

話はおもしろいです。さばき方について
もっと知りたいですね。

桜井 「一口」という感覚だと思いますね。料理の出来を味見するとき、一口味わえばいいわけでしょ。いっぱいじゃない。その一口の感覚がものすごく大切。

たとえば、おでこに手のひらをつけて、自分の目が隠れるようにしてみて。そうすると、「なんだこれは」という物体に見えるでしょう。目の前にあるのは手だと知識としてはわかるけれど、うまく見ることはできないはずです。

では、次に目を閉じ、片目で薄く開けて見て。さっきは何も見えなかったのに、今度は生命線とかが見えるでしょう。一口だけと言うのはこういうことです。いっぱい開けると見えない。そっと開けると見える。目を開けたら見えない。

齋藤 （実際にやってみて）確かにそうです。見ようとしないほうが見えますね。

桜井 身近なことは見えないものなんです。専門家だから見えないことがあるのも同じだと思いますね。おもしろいことに、そうやって薄眼で見える状態だと、さっきまでは聞こえなかった空調の音や、外を走る車が左へ曲がって行った音だとか聞こえないですか？ それまで意識が邪魔して聞こえなかったいろんなことが、だんだん聞こえるようになるでしょう？　何も考えていないからこそ、どんどん見えてくる。そこが気づきの始まりです。

齋藤　いろいろ気づくと気持ちが開いて、なんか嬉しい感じがしますね。

桜井　自分の殺していたものが生き返った感じでしょう。なんで自分で止めていたんだろうって思うはずだよ。

齋藤　いやー、グッと来るものがあります。すごいな、油断したら泣いてしまう感じがありますね……。

桜井　サッカーをやっている最中でも、こういう状態だったら反応が違うだろうし、微妙な変化に気づいたりできるはずです。

30メートル後ろの選手の地面を蹴って走る音が聞こえてきたりだとか、後ろを見なくてもわかるようになるし、そういうふうに感覚が広がれば、11人くらい見られますよ。ボールも目で見ないほうがいいし、見ないで蹴ったほうがいい。そういう感覚でやってる？

齋藤　ドリブルする時はそうしてます。

桜井　見ないことを大切にしたほうがいい。まわりの選手も見なくていい。見ているから変に意識して、動きを止めてしまう。まわりには誰もいないくらいの感覚でちょうどいいでしょう。

齋藤　ボールコントロールをミスした時っ

て、結局ボールを見てしまっているんだと思います。うまくいっている時は何も見ないですから。

桜井　まずい時に見ちゃうでしょう。そこですよ。ちょっとまずいと思ったことを気にするのも、見ることになります。そういう余計な動きをしているから、筋肉が張るような動きになってしまう。張りをとってあげて柔らかくなればいい。だから鍛錬は必要ないんです。

流れを変えれば動きが変わる

桜井　試合では、たえず人が流れているわけでしょう。それを動きとして捉えたら、いちいち気になってしまう。そうではなくて、人ごみと同じだと思えばいい。駅だとか交差点がけっこう混んでいても、ぶつからないで歩けるでしょう。生活している中で身につけているような流れる動きを試合でしてみる。

流れというのは、自然界では恵みのもと。太陽の光も風も雨も雲もそうでしょう。彼らが恵みを作ってくれている。しかも、人間はそれをタダで使っている。真夏の太陽を見られる?

齋藤　見たことないですけど、多分、直視できないと思います。

桜井　見たほうがいいよ。すごいエネルギーがもらえるよ。直視したら何色に見えると思う？

齋藤　白ですか？

桜井　エネラルドグリーン。そう見えた時、自分が変化してくるよ。パッと見たら眩しくて見られない。意識で負けて、見ていられませんというのがほとんどだけど、自分ごと抱くような気持ちで見ると、すっと黒くなる。そうなったら意外と楽です。眩しくなくなるから。それを通り越すとエネラルドグリーンになる。そうしたら、いつまでも見ていられる。歳だから日常生活では階段上がるのもきついわけですが、太陽を見たあとは体が楽になって、階段をストンストン上がれます。

齋藤　太陽が力をくれるわけですか。

桜井　そう。全裸でやるのが一番いいけどね。そうやって見ていたら、周囲が黄色に見え出す。エネルギーが入った証拠で、できない動きが簡単にできるようになるよ。自然の流れで自分を変えてしまうんだ。

　肌に悪いから紫外線に当たってはいけないとか、もったいないですよ。それでいて健康食品を食べたりしているんなら話にならない。光からもらうエネルギーは半端ではないですから。

こういうことは世間の常識ではないのでしょうが、常識なんてほとんど嘘ばかりでしょう？　世の中ではいろんな人が先生と呼ばれ、いろんなことを教えてくれますよ。その人にはその人の道理があるんでしょう。でも、人よりも自然から学べばいいんです。たとえば、手を上から下へ落としてみて。自然に葉が落ちるように。

齋藤　意識すると、確かに自然に落下はできないですね。

桜井　ドスンという重みがあるよね。肘が張るからそうなってしまう。手が収まる場所に自然と向かえば、重みは感じない。そうした時は体のバランスが取れるから軸ができる。そしたら次の動きに自然に流れていくでしょう。手を振り上げてボールを蹴るのが常識だと思うけれど、それは勢いで蹴っているわけでしょう。そうではなく流れの中で動いてみたらどうだろう。そのほうが、小さい動きの中で大きな動きができるはずです。

齋藤　いやあ、サッカー界にはまったくない発想です。

桜井　小さい動きがいくつもできると、いろんなことができるようになります。たとえば、後ろからボールを取りにやって来た人をかわすことだってあるでしょう。

齋藤　はい。

桜井　普通は足を踏ん張って回転して向きを変えるわけです。そうではなくて、手を下に流す。

齋藤　（実際にやってみて）あれ？　急にいなくなった。

桜井　手を流して向きを変えれば回転しなくていい。つまり、流れを変えれば動きが変わる。急いで回転する必要がない。すっと流すだけでその場からいなくなれる。

感じることが大切だと言ってもやり方がわからなければどうしようもないけれど、いまみたいに流す感覚がわかれば実感として理解できるでしょう。

流れは根本的な動きですよ。ただ流せば変化は起こるんです。

桜井章一 SHOICHI SAKURAI

１９４３年、東京下北沢に生まれる。大学時代に麻雀を始め、裏プロとしてデビュー。以来引退するまで20年間無敗、「雀鬼」の異名を取る。引退後は「雀鬼流麻雀道場 牌の音」を開き、麻雀を通して人としての道を後進に指導する「雀鬼会」を始める。モデルになった映画、漫画は数知れず、著書も多数、講演会などでその「雀鬼流哲学」を語る機会も多い。『ツキの正体』『人を見抜く技術』『負けない技術』など著書多数。
http://www.jankiryu.com/jankikai/

齋藤学　MANABU SAITO

１９９０年、神奈川県生まれ。２００８年、横浜F・マリノスでデビュー。翌年にトップチームに昇格。２０１１年に愛媛FCにレンタル移籍。２０１２年、マリノスに復帰後、チームの主軸として活躍。２０１３年、日本代表に初選出され、２０１４年のFIFAワールドカップ日本代表にも選ばれた。２０１６年は33試合に先発してキャリア最高の10ゴールを記録。Jリーグベストイレブンに選出された。２０１７年はマリノスのキャプテンとしてチームを牽引する。
http://saitomanabu.com

目の前には、もっと広い世界がある、そんな希望が湧いてきたひととき。

ハンカチーフ・ブックス編集長　長沼敬憲

勝つために次元を超える

横浜F・マリノスの齋藤学選手には、『TISSUE』の第1号からずっと対談をお願いしてきて、今回が3回目。第1回が禅の藤田一照さん、第2回が料理家の辰巳芳子さん。そして今回は、〝雀鬼〟桜井章一会長。……サッカーの雑誌ではなかなか実現できない（?）、我ながらすごいマッチングをしてきたなあと改めて感じます。

一照さんとの対談を企画したのは、齋藤くんに、彼が目指している世界とは別の、もう一つの大きな「世界」を感じてほしかったから。

それは、目の前の現実世界と重なるように存在している、心のなかの無限の世界。

その果てのない広さを体感し、そこから生まれる力を味方につけること。

それを根拠のない自信にすること。

禅に触れ、世界というものを受け止める感覚の幅を広げていくことが、サッカーを続けるうえでも、きっとプラスになると感じたのです。

次の対談をお願いした辰巳先生がおっしゃっていたのは、食べ物からはいのちをいただいている、だから自分のいのちも輝ける、という、とってもシンプルな法則。

つまり、いのちを求めざれば、いのちを得ず。

言葉としては確かにシンプルだけれども、同時にどこかとりとめなく、スポーツの世界ではそんなつかみどころのないものより、数値化できる機能性の世界を求めるでしょう。

でも、そうした根拠（エビデンス）だけでは、その人がなぜ元気でいられるか、本当の理由は見えてきません。

それに気づいてしまった齋藤くんなら、辰巳先生の哲学もきっと響くはず。消化吸収し、栄養にできるだろうと感じたのです。

こうした2つの出会いがあり、2冊の『TISSUE』が世に出て、今回の3冊目をつくる流れになった頃のこと。観戦に訪れた日産スタジアムで、次の言葉が目に飛び込んできました。

「勝つために次元を超える」

試合前の選手紹介の映像とともに齋藤くんのキャッチフレーズが映し出された瞬間、ふっと思い浮かんだのが、桜井会長でした。

プレーヤーとしてのスキルは十分に備わり、メンタルも弱くはない、チームを牽引し、日本代表にも選ばれた。……そんな彼がさらに「次元を超える」には、何が必要なんだろう？

噂を聞くばかりで、お会いしたことのなかった桜井会長のことがあの時なぜ浮かんだのか、いまとなってはよくわかりません。でも、稀代の勝負師であること、勝負師でありながら、勝ち負けの世界から突き抜けていること……。

いろいろな思いがかけめぐり、見えないところで次の企画が始まりました。

桜井会長に恐々とコンタクトを取り、町田にある牌の会にお邪魔し、二人の対談が実現したわけですが、その存在感は予想以上。

「サッカーは嫌いなんだよ」とおっしゃりながら、言葉のひとつひとつ、牌を動かす指先の動きまで、さまざまな示唆に満ちていました。

取材後記

後日譚として、対談の原稿を読んでいただいた会長から、心のこもった電話をいただき、齋藤くんとまた話したいとおっしゃられたので、

「気に入っていただけたんだ！」

そう思って、彼に伝言したところ、よほどインパクトがあったのか、緊張して、何度もためらい……。でも、いろいろなことを話したようです。

桜井会長は怖いけれど暖かく、暖かいだけでなく広く……そりゃあ、緊張はするよね。

でも、心を開いて接していけば、これからもたくさんの導きが得られるはず。いや、会長はもちろん、すごい人の懐にもっともっと飛び込んで、常識を超えた世界を感じてほしい。

常識から容易に抜け出せずにいる人たちに、夢を与え、これは現実なんだよとメッセージするのが、齋藤くんの仕事なのだから。

次はどんな人にたどり着くのか、僕自身、楽しみに待つことにします。

追記。

編集作業が大詰めを迎えた頃、齋藤くんが試合中に負傷したニュースが。

左ひざの十字靭帯断裂。会って話してみたら、前を向いていたので、安心しました。

大丈夫。齋藤くんには、きっと人を感動させる力があるから。

Interview 1

これからの世の中の「見取り図」

佐々木俊尚（ジャーナリスト）

取材・富岡麻美

２０１３年に出版され、話題となった『レイヤー化する世界』（ＮＨＫ出版）から４年。

近著である佐々木俊尚さんの『そして、暮らしは共同体になる。』（アノニマ・スタジオ）には、これからの社会のあり方、暮らしのあり方が、「生活者」と「ジャーナリスト」という、ふたつの視点から描かれています。

これまで私たちが価値を感じてきたものが、じわじわと崩壊を始めている時代、何を信じ、どこに向かえばいいのか？

新しい年が明けて間もない、２０１７年１月。佐々木さんをセミナーにお招きし、「心地よい暮らし方・考え方」についてお話を伺いました。

そこでまずシェアされたのは、私たちは、いまどんな世界に生きているのか？　という事実確認。過去の歴史を振り返り、いまいる場所＝現在地がわかることで、「次の世界」に向かうための地図が手に入れられます。

地図が手に入ったら、あとは自分で歩いて確かめるだけ。佐々木さんの語りを通し、そんなこれからを生きる感覚を共有していきましょう。


長沼敬憲（ハンカチーフ・ブックス編集長）

――いま、この世界でどんなことが起こっているのでしょうか？

いま、この世界では２つのことが同時に起きています。

その一つは、近代が終了したということです。20世紀のパラダイムが終了し、過去の時代になかったグローバリゼーションが起きています。

もう一つは、それとはまったく偶然に、情報通信テクノロジーがすごい勢いで進化しています。具体的に言えば、インターネットの爆発的な普及ですね。

それぞれ何の関係もなく起こったことなのですが、この２つが合わさることで、我々の社会は大きく変化しようとしています。そうした変化の局面を取材し、書いていくことが、この10年間、僕が一貫してやってきた仕事なんです。

当初は、その衝突の現場がある程度限られていたため、扱うエリアがもう少し狭かったのですが、それがだんだん進行してきて、いまでは（取材対象が）社会全体に広がってきました。

わかりやすい例で言えば、FacebookやTwitterが日本で広がりはじめたのは２００９年からで、２０１１年の震災の後に一気に浸透していきました。

その結果、いままで行ってきた年賀状のようなやりとりは重要でなくなり、人間関係はＳＮＳに集約されるようになってきました。２０００年代前半と現在では、まったく違う状況の中で世の中が動くようになってきたのです。

ジャーナリストが料理本？

僕が人間関係に関心を持ち、暮らしについて書くようになったのも、グローバリゼーションが人間社会を大きく飲み込むようになってきているからです。

グローバリゼーションに適合しないといけないのは、企業や政府だけではなく、我々一人ひとりの生活も含まれます。

たとえば僕は、２０１３年に『レイヤー化する世界』を出して以降、料理本を２冊刊行しています。「なぜ料理本？　趣味でしょ?」とよく聞かれるのですが、僕にとっては自然なことなんです。

『レイヤー化する世界』で描いた世界観が社会に広まってくることで、まず我々の生活の軸そのものが大きく変わってきたという実感があります。

わかりやすく言うと、それまで終身雇用の会社にぶら下がっていればよかったのが、いまはだんだんそうもいかなくなってきていますよね?

もともと僕は、新聞記者として終身雇用の新聞社にいましたが、その頃はアウトサイダー気どりでゴールデン街を飲み歩くような昔の新聞記者気質だったんです。当然、体を壊しますよね。終身雇用の会社であれば、多少体を壊しても面倒をみてくれますが、いまはそうはいかず、誰も面倒を見てはくれません。

これはフリーになった僕だけの問題ではなく、そもそも、自分の会社がいつまで続くのかわからないし、いつリストラされるのかもわからない。そんな不安に苛まれる状況の中で、何を軸に生きていけばいいのかということが、我々にとって重要なテーマになってきているように思うんです。

要は、それが「暮らし」だと僕は思ったんです。暮らしに軸足を置くのであれば、まず料理をきちんと、健全にやりましょう。日々の生活をきちんと構築していきましょう……そんなニュアンスから、料理本を出したんです。

――かつてのような経済成長はもうやって来ないのでしょうか?

最初に押さえておかなければならないのは、我々が生まれて育った20世紀という時代が決して当たり前のものではないということです。

とくに太平洋戦争が終ってからの50～60年、つまり1945年から2000年くらいまでの時代は、歴史的に見てじつはかなり特殊な時代であったということを多くの人が指摘しています。

たとえば、トマ・ピケティというフランス人の経済学者が、一昨年くらいに世界的に話題となった『21世紀の資本』という著書の中で、「なぜいま格差が広がっているのか?」ということを経済学的に説き明かしています。

彼が問題にしているのは、経済成長です。なぜなら、歴史を振り返っても、経済成長が続いた時代なんて20世紀だけしかありません。それ以外の時代は、ほとんどが定常型で、ずっと同じような経済規模が続いてきたんですね。

それが18～19世紀の第1次産業革命を経て、19世紀の終わりから20世紀の初めに第2次産業革命が起き、電気、水道、ガソリン自動車、飛行機、高速道路、あるいはテレビ、ラジオ、映画などが次々と生み出されることで、我々の生活は一気に変わっていきました。

過去の時代になかった豊かさを体験することになったのです。

新しい革命に乗り遅れた日本

第2次産業革命が終ったのが1970年代ですが、日本はちょうどその頃「一億総中流社会」と言われ、国民生活意識調査をすると国民の90％が自分は中流だと答えているんですね。

じつはこれは日本だけでなく、アメリカでもヨーロッパでも、先進国すべてで起きていました。

先進国は戦後総じて豊かになっていったわけですが、それは1970年代に終ってしまい、次の80年代は、ヨーロッパもアメリカもすごく貧しい時代だったんです。産業革命が終ったことで、その恩恵が得られなくなり、どの国も経済的に大変な目にあったんですね。

では、日本はどうだったかというと、運良くというか運悪くというか、経済バブルが起きてしまった。アメリカやヨーロッパの苦境をよそに、ものすごい栄華を誇ってしまったんです。

そのバブルは1990年代になって突然崩壊し、日本も大変な状況だったということに気づいて、そこから「失われた20年」がはじまります。

イギリスやアメリカは、80年代に苦境に陥ったとき何をしたかというと、金融と情報の革命を行ったんです。それがサッチャーやレーガンの時代の新しい経済政策になりますが、日本はバブルのせいでその波に乗り遅れてしまいます。

バブルだったので大丈夫だと思っていたら、情報革命も金融革命も欧米に全部先を越されて、日本は何もできなかった。景気が悪くなった90年代半ば、アメリカやイギリスに追いつかなければと思ったけれど間に合わなかったのです。

以上が、この20~30年の間に起きたことなんですね。

――変化する世界を生きる中で、何が大事になってきますか？

情報革命や金融革命が起こり、イギリスやアメリカでは経済成長がもう一度はじまったわけですが、ここで問題になったのは、第２次産業革命と違って全員が豊かにならなかったという点です。

金融革命では、リーマンブラザーズやゴールドマンサックスのような非常に強い投資銀行にお金が集中しました。同時に起こった情報通信革命では、Amazon や Google のような企業が急成長しましたが、大事なのは、こうした先進国の富が世界中にばら撒かれたということです。

それまでアメリカ国内でコンピューターを生産し、同じアメリカ国内で消費していたアップルが、情報通信革命によって世界中にネットワークをめぐらせ、世界各地から部品を集め、中国で組み立て、それを世界中に送り届けるという、そういう仕組みをつくったわけです。

そうすると、もはやアメリカに富は戻ってはきません。経済成長しても、これまでのように豊かになれないのです。いまトランプ大統領が雇用を戻せと言っていますが、こうしたグローバリゼーションな状況で可能なのかどうか。

たとえば、iPhoneを中国で組み立てるのをやめて、部品をアメリカで調達して作ろうとしたら、きっと値段が3倍くらいになるんじゃないかなと思います。

30万円のiPhoneを誰が買いますか、という話ですよね？　仮にAppleがそうなったら、恐らくAppleと同じくらいセンスの良い製品を、中国や東南アジアのメーカーが作り、もっと安く売ろうとするでしょう。そこで市場は塗り替えられますが、（富が拡散する）グローバルな状況そのものが変わるわけではありません。

大会社による「垂直統合」の終焉

『レイヤー化する世界』を書いたのは、そういうグローバルな状況の中で、我々の生き方はどう変わっていくべきなのかという話なんです。

金融や情報の革命である第3次産業革命の世界の中では、いままでと産業構造が大きく変わってきます。

たとえば、音楽がそうでしょう。いままではレコード会社という強い組織があり、スタジオを持ち、ミュージシャンも抱え、毎月の給料のようにミュージシャンにお金を払い、レコーディングもさせる。そして、CDにプレスして流通させ、利益を得るというプロセスのすべてをレコード会社がやっていました。

ところが、いまはレコード会社の力はどんどんなくなってきて、代わりにiTunesやYouTubeのようなメディアが出てきていますよね。

YouTubeで音楽を無料で流せば、そこで広告料が発生しますから、うまくいけばそれだけでも十分に食べられる時代がやってきました。つまり、レコード会社は必要なくなってきているわけです。

レコード会社全盛の時代は、レイヤーが垂直統合していて、ひとつの会社がすべて

これまでの社会

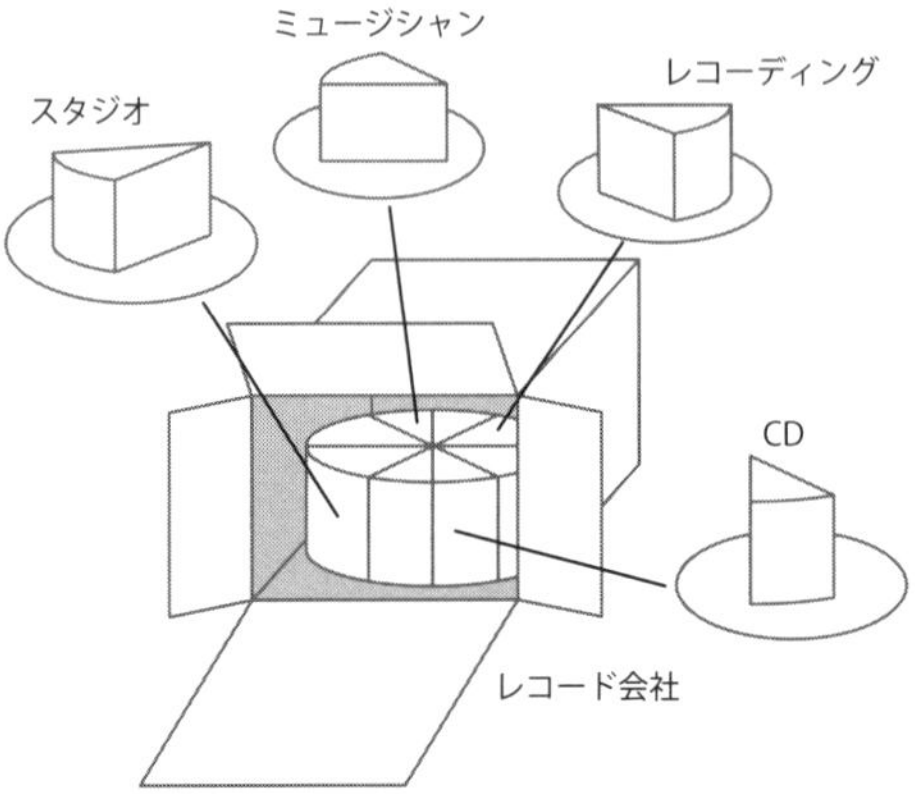

ひとつの「場」の中にレイヤーが統合され
コントロールされていた。

をコントロールしていたため、レコード会社に認めてもらえないとCDが出せませんでした。けれどもいまは、YouTubeという世界中を覆うグローバルなプラットフォームがあって、そのプラットフォーム上で自分の好きなことをやれば、それで儲かる人が出てきています。

もちろん、全員儲かるわけじゃなく、儲からない人もたくさんいるわけですが、やりようによっては、そういうレコード会社からの支配が解かれ、「自分たちが好きなことをやってもいいよね」という話になってきているわけです。

富が世界中に分配される時代

いままでの垂直統合、ひとつの会社が上流から下流までをすべて支配する仕組みがなくなってきた代わりに、横に広がる水平型のプラットフォームが出てきて、それが世界中を覆っています。

グローバルプラットフォームの上を我々は自由に、流動的に行き来しながら、それぞれのやり方でお金を稼ぐ時代になってきているんです。

しかも、この仕組みというのは、（先進国である）日本人やアメリカ人だけが得するわけじゃなく、一番得しているのはアフリカや東南アジアの貧しい地域にいる人たちだったりします。

有名な例で言うと、クラウドソーシングのサービスなどを利用すれば、世界中に仕事がばらまかれますよね？　世界に窓口が広がることで、低賃金でもいい仕事をする人たちがより選びやすくなります。結果的に先進国の富がなくなり、途上国に富がどんどん広がっていくことがいまの時代に起きていることなんです。

これが、「レイヤー化する世界」の基本的な構図だと理解すると、いろいろなことが見えてくると思います。

――佐々木さん、そもそも「レイヤー」って何なのでしょうか?

レイヤーという言葉は、もともとはIT用語でした。

ハードウェアがあって、アプリケーションがあって、OSがあって……という組み合わせを「レイヤーモデル」と言うんですが、これは社会のあり方にも当てはまると思うんですね。

たとえば、我々はひとつの会社にぶら下がるだけでは、もはや生きていきにくくなってきているでしょう?

さまざまなプラットフォームを使って、流動的に仕事をしていく。つまり、ひとつのプラットフォームだけにぶら下がるわけではなく、いろいろなプラットフォームを利用し、いろいろな分野の人とつながりながら生きていく。

その一つ一つをレイヤーとした場合、当然、ライフスタイル、ワークスタイルも多層化していきます。要するに「人間とは何か?」を決めるのは、基本的にソーシャルなものでしかないんです。

社会的な関係なしにその人のパーソナリティはつくれませんから、自分が何に所属しているか、どういうふうに周りの人から見られているかということが、その人のパーソナリティになってくるんですね。
そう考えれば、複数のところでいろいろな人、いろいろな共同体につながる。その総体こそが自分であるという、こうした考え方がいまの時代に合っているんじゃないかと思います。

多数のレイヤーを重ねわせて生きる

僕自身、もはや本を書くだけではなくて、メルマガを書いたり、サロンみたいなことをやっていたり、仕事だけでも同時並行で5つか6つあって、それぞれが僕自身のひとつの所属になっています。

これからの社会

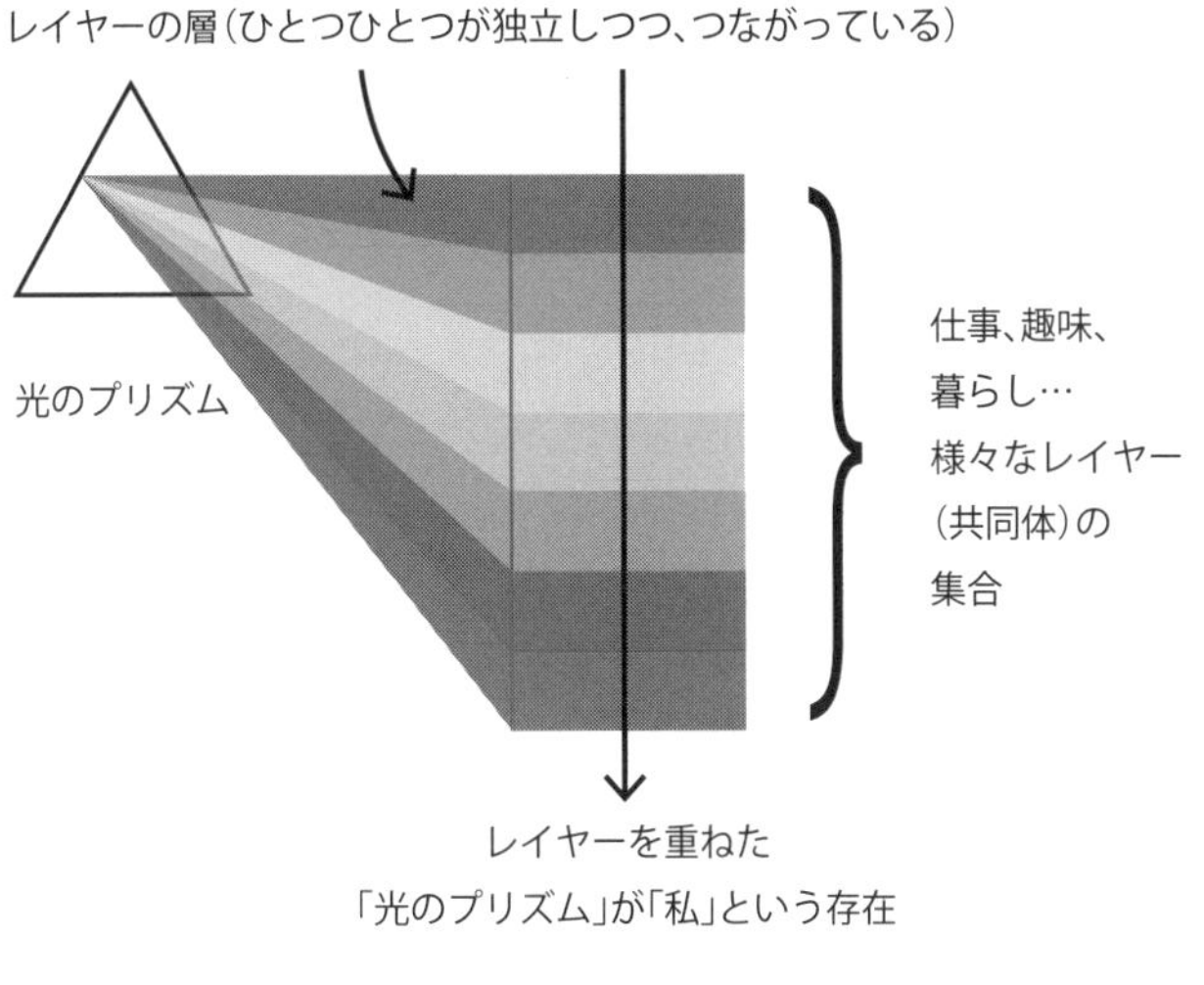

つまり、その総体が〝僕〟という仕事の総体になっている。だから、「佐々木さん、何をメインに飯を食っているんですか?」とよく聞かれますが、メインはないです。

会社というひとつのレイヤーに所属して給料をもらっている人もいますが、多数のレイヤーを重ね合わせながらでも生きられる、そういう生き方も成り立つようになってきています。というより、いまではそちらのほうが安全ですよね?

僕自身、出版不況がリーマンショックの頃にあって、潰れる出版社が出てきた時に、ふと思ったんです。

これはまずいなと思う一方で、どこかひとつの出版社に勤務していたら、潰れた瞬間自分の仕事が全部断たれてしまいますが、当時の僕は10社以上の出版社と取り引きをしていたので、1社潰れてもどうってことないなと。複数の収入、複数の仕事を持っているのは、いまの時代には強いんじゃないかと思ったんです。

事実、レイヤー化する世界的な構造の中では、なるべく多くの共同体と接続するほうがいいでしょう。『そして、暮らしは共同体になる。』の中でも、これからはより開かれた共同体感覚を持つことが大事だということを書いています。

「排除しない共同体主義」をめざして

たとえば、リベラリズムの理念がいま崩壊しつつあることが、いまあちこちで語られるようになってきています。

では、次にいったい何が大事なイデオロギーになってくるか？　そのことをもっと考えなくてはいけません。

政治哲学というのは、基本的に四象限と言われていて、①リベラリズム（自由主義）、②コンサバティズム（保守主義）、③リバタリアリズム（自由至上主義）、④コミュニタリアリズム（共同体主義）に分けられるのですが、リベラリズムの限界がきている中で、かといってコンサバティズムに回帰するのも変だし、リバタリアリズムは格差がどんどん拡大してしまうから、それはそれでよくない。

やはりもう一度、コミュニタリアニズム＝共同体主義について考えたほうがいいんじゃないかというのが、政治哲学の世界で浮上してきている話なんです。

ただ、このコミュニタリアニズムはすごく難しくて、一方で排外主義に向かいやすいところがあります。つまり、共同体を大事にするということは、共同体に入っていない人を排除してしまう。

それがイジメの原因にもなる。だから、

排除しない共同体をつくれるかどうか、ということが大事なんです。

こうした状況の中で、「これからの共同体とは何だろう?」ということを考えていく必要があります。

そこにテクノロジーの進化、インターネットやSNSの進化というものを重ね合わせると、どういう共同体のビジョンが生まれてくるのか? そんなことを考えて書いたのが、去年出版した『21世紀の自由論』になるんです。

――そうした変化する世界を生きる中で、何が大事になってきますか?

たとえば、『そして暮らしは共同体になる。』の最後のほうに出てくる、熊本の山の上にあるヒッピーコミュニティ「サイハテ」の代表は、FacebookやTwitterを使いまくっているんです。

そうすると、外に仕事に行ったり、戻ってきたり、出入りが自由になりますから、どんどん新しい人が入ってくるし、同時に1~2年して出る人もたくさん出てくる。こんなふうに新陳代謝がちゃんとできていると、共同体は健全なまま維持されていくと思うんです。

これからは、そういう入れ替え自由な風通しの良い共同体をつくることで、安心感があり、なおかつ持続可能な場がつくっていけるのではと感じます。

いまの暮らしというのは、食べるものも着るもののもすごくミニマルになってきていますよね？

ミニマリストと呼ばれるような、持ち物をどんどん少なくする人たちも増えてきました。面白いことに、そうやって自分の身の回りをミニマルにしていくと、自分ひとりでは生きていけなくなることに気づくようになります。

少し前にアフロ記者で有名な稲垣えみ子さんと対談したんですが、彼女はちょっと極端で、家に冷蔵庫がない、電気もつけない生活をしているんです。

それだけシンプルになると、自分だけで生活するのは無理ですよね？ だから、近所の美味しい食堂が自分の家のキッチンで、八百屋さんや肉屋さんが自分の冷蔵庫というふうに、街自体が自分の住まいみたいな感覚に変わってくると言うんですね。

街全体を自分の家にするということは、街とちゃんとつながらなくてはならないということです。だから、ミニマルになればなるほど、共同体感覚が逆に高まっていく、いまそうしたことが世界中で起きていることだと思うんですね。

スーパーマンはいらない

共同体感覚ですごく大事なのは、強者の論理であってはならないということです。共同体がいいのは、ひとりひとりがスーパーマンになる必要がなくなってくるということなんです。

終身雇用の時代のいい会社のあり方は、一生懸命目立たなくても、黙々と真面目にやっているだけで上司が必ず目をかけてくれたところにあったでしょう。

それがいまは消滅してしまい、個人個人が弱肉強食の世界で生き残らなくてはならないようになってきていますが、おそらく共同体がきちんと再興してくれれば、目立つのが下手でも、真面目でできる仕事があればきっと何とかなる。一緒に何かをやろうといった形で声がかかり、十分生きていけると思うんです。

つまり、共同体の再興によって、人見知りする人とかコミュニケーション下手な人でも、もう一回社会で通用する時代がやってくるんじゃないか。

過渡期の問題なので、議論としては難しいんですけれど、たとえば僕みたいな仕事だと、もはやプライベートとパブリックの境がほとんどありません。勤務時間という発想がありませんから、これが会社であればかなりのブラック労働になってしまいます。そこは難しい問題なのですが、世の中全体がそういう方向に変わりつつあるのは事実でしょう。

「健全な暮らし」の中に安心がある

つまり、軸がどこにあるかわからない、グローバルプラットフォームの中をひとり一人が流動していくという、これからの個人の未来像をもとに考えると、どこにぶら下がっているのか、確固としたものがどんどんとなくなっています。

ある意味ものすごく不安な状況ですよね？ 明日どうなるか誰にもわからないという、こうした不安感を払拭するものは何か？ 僕の場合、このことをずっと考え続け、たどり着いた答えが「健全な生活」でした。これしかないんじゃないかと思えるようになったんです。

それは、健康管理をし、体をきちんと鍛えること。正しい食生活を送ること。つまらない買い物をしないこと……そうしたものをすべて含めている生き方です。そうした生活の総和の中から、安心は生まれてくると思うんです。

――佐々木さんは、食生活でどんなことを

大事にしていますか？

食って、真ん中あたり、中庸のところにこの健全な状態があると思うんですね。逆にそうではない、健全ではない状態は3つあると思っています。

1つはコンビニ弁当やファストフード、もう1つが極端な美食、そして、あまり言われないのですが、最後の1つが「〜でなければならない」いう原理主義。「無農薬有機」でなければ一切まかりならぬとか、そういう極端にストイックな考え方ですね。この3つの中間地点くらいに健全な状態があると思うんです。

だから、どんなにいいことでも、「こうしなさい」というものが出てきたら、それは健全とは言えません。というより、僕は基本的にグレーな部分が重要であるとつねに言い続けてきました。

これは政治でもそうだし、自分の生活でも、人と議論する時でもそう。簡単に白黒つけてしまわないで、その真ん中のグレーであるところを見つけ、利用しましょうと言っているんですね。

グレーであることがじつは一番居心地がよく、真っ当なものであるという考え方をすると、食もそのグレーの部分、ちょうど真ん中くらいが一番健全で穏当じゃないか

と感じられるようになります

家にいる時は、僕がすべての食事をつくっているのですが、実際、そういう穏健なものしかつくりません。

家庭料理というと、プロがつくる料理の劣化コピーのように思われているところがありますが、果たしてそうでしょうか？　たとえば、「パスタを茹でる時はたっぷりの塩を入れる」「生のハーブは包丁を使わず手でちぎる」とか、本当はどうでもいい、余計なものを排除していくと、「シンプルにつくって食べる」ことの大切さが感じられるようになってきます。

家庭料理ってヘンな神話がたくさんありますが、僕が出版した料理本では、そうしたものを極力排除して、料理の手順をものすごくシンプルに、飾り気のないものばかりにしています。それが本来の家庭料理だと思うんですね。

「ゆるゆる」が生き方のキーワード

もちろん、健全じゃないものをむやみに排除する必要はありません。

先ほどコンビニ食はダメだと言いましたが、「今日は疲れていて料理する気もないからおにぎりを買って帰る」、それは別にいいと思うんです。

こうしたことを許容しなくなると排除の論理が働いてしまうので、むしろ排除しないように意識する、だって、たまにはラーメン食べたい時だってあるでしょう？ 時々食べる分には全然オーケーだし、そうした意味での健全さ、排除に進まないで、ゆるく保つということが大事なんじゃないかなと。だから、『そして、暮らしは共同体になる。』では、キーワードとして〝ゆるゆる〟という言葉を使っているんです。

世の中がすごい勢いでミニマル化していくことは間違いないので、料理することも、食べることもミニマル化して、同時に人や街とつながる。食にまつわる面でも、街に暮らすという感覚がこれからどんどん高まってくるでしょう。その中で、自分の生活をもう一回再構築するということが、何よりも大事になってくるのだと思います。

生活って、毎日続くものですから、どうしても惰性になるじゃないですか。その惰性からいかに脱却して、もう一度作り直せるか？ そうした発想を持って、行動してみることが、これからの世界を生きる支えになると思っています。

佐々木俊尚　Toshinao Sasaki

１９６１年、兵庫県生まれ。毎日新聞社で事件記者として活動後、『月刊アスキー』編集部を経て、２００３年よりフリージャーナリストに転身。ＩＴ、メディアからライフスタイル提案までＳＮＳを通じて幅広く発信。Twitter フォロワーは80万近くに及ぶ。著書に『21世紀の自由論』『レイヤー化する世界』（ＮＨＫ出版）、『キュレーションの時代』（ちくま新書）、『家めしこそ、最高のごちそうである。』（マガジンハウス）、『自分でつくるセーフティネット』（大和書房）。近著に『そして、暮らしは共同体になる。』（アノニマ・スタジオ）がある。
http://www.pressa.jp/

「光のプリズム」という美しい言葉で、人の歴史と暮らしをつなげてみる。

ハンカチーフ・ブックス編集長　長沼敬憲

歴史と暮らしをつなげること

佐々木俊尚さんのことは、わりと以前から知っていました。『2011年新聞・テレビ消滅』というすごいタイトルの本が出た時に、すぐに読み、そのあたりからTwitterもフォローし、ちょくちょく追いかけるようになりました。

今回インタビューを考えたのは、『Buddhist　今を生きようとする人たち』という映画をつくった後藤サヤカさんに、佐々木さんがゲスト出演する上映会に誘われたのがきっかけ。

後藤さんは、藤田一照さんとも活動していて、お二人が仲間と展開させている「仏教塾」に呼ばれたこともあったし、活動がリンクすることが多かったので、スーッと吸い込まれるように会場に訪れ、終了後、ちょっとドキドキしながら佐々木さんに名刺とTISSUEを渡しました。

佐々木さんのイベントを渋谷のヒカリエで企画した時、僕の脳裏にあったのは、当時刊行されたばかりの佐々木さんの新刊『そして、暮らしは共同体になる。』の存在でした。

佐々木さんが暮らしを大切にするようになったくだり、その延長でオイシックスを取材したり、多拠点生活について語るくだり……僕はそれを『レイヤー化する世界』という歴史物語と重ね合わせることで、これからの時代の景色が見えてくるように感じたのです。

『レイヤー化する世界』を読んで、心に残ったのは、わたしという存在のありようをとらえた「光のプリズム」という言葉。

超国際企業が作る〈場〉。
〈場〉の上でレイヤー化されていく世界。
レイヤー化した世界で、プリズムの光の帯になっていく私たち。

私たちと〈場〉の共犯関係。

　プリズムだなんてちょっと詩的だなあと思いつつ……この帯はきっと重ね方によっていろいろな光り方をするのだろう。で、どんな重ね方が幸せな感覚とつながるのだろう？　そんな問いかけの先に「暮らし」が位置していることが、お話しを伺うなかで改めて感じられました。

　暮らしが大切という言葉自体は当たり前で、平凡ですが、それはのっぺりした空間の上にではなく、歴史や風土の積み重ねのなかにあります。

　歴史や風土が暮らしのなかにあったとしたら、イデオロギーで語られることの多い歴史ももう少しフラットな感じに語られるかもしれません。

　この原稿を書いているさなか、ふと思い立って、高校時代に読んだ司馬遼太郎の『項羽と劉邦』という作品を読み返したのですが、そこで描かれていたのは、食を求めて数万、数十万の人が一つの旗のもとに集まり、殺し合い、奪い合いながら一つの帝国が生まれていく壮大なプロセスでした。

　食べるために生きている現実を直視したら、これも暮らしです。生きるために食べ、争いすら起こしてきた人の歴史は、光のプリズムという言葉では括り切れない、光と闇の入り混じった、多様な側面があります。

　でも、この言葉はいいなあと思うのです。

取材後記

佐々木さんの解釈と同じかわかりませんが、光というのは無数のプリズムに分かれますが、もとはひとつのところから発しています。

だから、プリズムの束が自分というより、プリズムを成立させている、わたしがわたしであって、あなたではないもの、僕はそこに意識が向かいます。

なぜ僕は僕なんだろうと思う時、目の前にはいろいろなレイヤーが立ち上がりますが、それは組み替えも、削除も追加も可能で、絶対のものではありません。僕があなたに変わることはありませんが、レイヤーは変えられます。

だから、これまでにないような新しい暮らしだってつくれるだろうと、そんな希望も湧いてきます。

ひとつのレイヤーだけで生きていたら、自分が光であることも見えてきません。まして光の束として、社会に関わっていくことも難しいでしょう。

自分が光だなんて、ちょっとスピリチュアルで、佐々木さんの世界観とは合わないかもしれませんが、そこに自立した個が存在するのかも。

多様性を自己のなかに感じ、それを統合して生きること、そんな自分に向かって進んでいくところに、僕は人の美しさを感じています。

Interview 2

僕たちが渋谷で始めた、新しい生き方の実験

藤代健介（Cift発起人）

２０１７年４月、渋谷に新しく生まれた複合施設「SHIBUYA CAST.」（渋谷キャスト）に、様々な分野のクリエイターが共同生活をする「Cift」（シフト）というコミュニティが生まれました。

レストラン、スーパーマーケット、シェアオフィスなどが入ったビルの13階、19の部屋とキッチンなどのある共有スペースで構成されるフロアに集まったクリエイターは約40人。ルームシェアあり、一人住まいあり、職種もコンサルタント、アーティスト、映画監督、弁護士、ソーシャルヒッピー……兼務も多いので、メンバーの肩書きを合わせると１００を超えるとか。しかも、メンバーの多くは多拠点生活を送っているといいます。

このCiftの立ち上げに関わり、コンセプトから運営まで携わってきたのが、今回のインタビューに登場する藤代健介さん。

一般公募ではなく、価値観が共有できると思った人に声をかけ、渋谷という先端都市の「ど真ん中」で実験的な共同生活を始めた……そんなふうに語られるCiftのコンセプトの背景には、どんなビジョンが秘められているか？　藤代さんに話を聞きました。


長沼敬憲（ハンカチーフ・ブックス編集長）

住宅棟がいちばん面白い

――Cift の活動がスタートしたのはいつからですか?

藤代　母体になっている渋谷キャストは、2017年4月28日にオープンしたんです。4月28日だから、しぶやの日（笑）。Cift もその日からですね。

――ああ。キャストの場所は、もともと都営住宅（宮下町アパート）があったんですよね?

藤代　はい。東京都の土地で、しかも70年の定期借地という形になっていたため、都に更地にして返さないといけないことになっていて。5～6年前にコンペティションをやって、最終的に東急電鉄を中心としたコンソーシアム事業者が決まって、ヒカリエの次の再開発計画に組み込まれたんです。

――再開発がスタートで。

藤代　東京都から借りた土地で、元都営住宅だったということもあって、（ビルの）上に住宅棟を作らないといけない、クリエイティビティを通じて地域に貢献しなければならないという制約もあって。それで広場を作って、住宅棟を作って……ハード面ではかなり面白いことをやっていますが、コンペ時の提案では、クリエイターが住む住宅ということで通していましたから、それも形にする必要があって、動き出したのが1年くらい前です。

——それを藤代さんの会社が？

藤代　いえ、一緒に仕事をやっている先輩で、アソボットという会社でクリエイティブディレクターをやっている近藤ナオさんのところに話が来て、僕の会社に声がかかったんです。

最初は住宅棟ではなく、あのビル全体をどう広報していくかという依頼だったのですが、近藤さんは「キャストでいちばん面白いのは住宅棟ですよ」と、仕事を絞り込んでいいて。僕が29歳で、近藤さんが39歳。「藤代のまわりの30代前後に声をかけて、住まわせたら面白いんじゃないの？」というあたりが始まりでしたね。

——最初は仕事として引き受けた感じだったんですね。

藤代　すごく仕事っぽかったですね。僕としては、東京中の面白いクリエイターとつながれるきっかけになるかなと思って。入り口は、ちょっと他人事みたいなところもありました。

住むべきモデルは「自分」？

——だんだんスイッチが入っていった？

藤代　話をいただいたのが、２０１６年の5月。そこから9月くらいまでに、まず50人のクリエイターにインタビューしたんです。自分の知り合いからスタートして、知り合いに別の知り合いを紹介してもらう形で東京中のいろいろな業種のクリエイターと出会い、ライフスタイルを探っていきました。

　で、最終的に見えたペルソナが僕でしたという話になって（笑）。

——ああ、住居棟のユーザーモデルが、じつは自分だったと。

藤代　ええ。僕みたいな人が住むべきですと。要するに、30代前後の若者で、コンサルティングやプロデュース系の、時間に縛られない仕事をしていて、金銭的にもある程度の余裕があって、東京のど真ん中に住んでみたいという好奇心があって……そういう人が住むといいんじゃないですかと。

　客観として調べていたら、最終的な結論は僕だったので、僕が住みますと。それで、「住んでもいいですよ」ということになったので、では、僕を応援してくださいと提案したんです（笑）。

——その段階で、すでにCiftのコンセプトはあった？

藤代　いえ、最初はそこまでは考えていなくて。あくまでコンサルだったので、人を住まわせることまではコミットせず、調査レポートを出して、プレゼンしておしまいくらいな気持ちでした。

意識が変容したきっかけ

——意識が変わっていったのはどのあたりから？

藤代　いろいろあるんですけれど、一番大きかったのは、9月に井口奈保というベルリンに住んでいる友人のところに2週間滞在したんですね。

彼女は、組織心理学という学問をベースに、TEDx TOKYOを立ち上げに関わったり、グラフィック・ファシリテーターという言葉を流行らせたり、いろいろなことをやっていて。

彼女が面白いのは、自分が生きるってこと自体がアートであると定義していて。つまり、井口奈保がただ生きているだけで見返りなしにパトロンシップを募集し、それで生きている女性なんですよ。なんのレポートもしない、感謝祭もしない、それにお金を出す人がいるということをやっていて。

——なんだか面白いですね。

藤代　いまは人間のことはわかったからっ

て、アフリカに行ってライオンの研究をしているみたいです（笑）。社会的環境にいる人間ではなく、生命としての人間を知るためには、ライオンだと。

――その奈保さんにインスパイアされたことが大きかった？

藤代　もう少し細かく言うと、イギリスのカンタベリーにジュリアンというコンサルタントの師匠がいるんですが、彼に会いに行って、２週間、コンサルタントとしてグローバルにやっていくにはどうしたらいいか？　外に外に……ということを徹底的にやったんです。

そのあと世界経済フォーラムが主催する国際会議に出席するためにスイスのジュネーブに行って、世界の超エリートたちが集まって国連で会議するところに立ち会って、社会のトップ・オブ・トップを見て……で、「自分としてはそこじゃないなあ」という気になったんですね（笑）。

これまでの価値交換とは違うもの

――そのあとベルリンへ？

藤代　はい。ベルリンに行ったら、奈保が自分の生活だけに集中していて、「ああ、わかる」みたいな気持ちになっちゃって。

まだ漠然としていましたが、Win-Win の価値交換とは違う、何か新しい価値観が自分の中で形成されるんじゃないかと直感したんですね。

——それにしても不思議な方ですね。

藤代　ええ。僕自身もそうだったんですが、彼女がとくに何をするわけでないのに、一緒にいて人生が変わった人がたくさんいるわけです。すごい金持ちでもないのに毎日楽しそうだし、意識変容という点においては、仕事で出会う人たちよりずっと力を持っていて……。

——奈保さんと出会ったのは、50人のインタビューが終わった後？

藤代　終わりかけた頃ですね。いま思えば、（スイッチが入ったのは）たぶんそこなのかなと。奈保にその話をしたら、「あれで？」って、とてもびっくりしていましたけれど（笑）。

それと、7月に受けた木戸寛孝さんの「世界創造マップ」というプログラムも大きかったですね。古い価値観、常識から自分を解き放って、新しいビジョン（物語）を作り出し、トランジション（自己変容）するという……。木戸さんのことも前から知っていましたが、こうして濃く関わったことはタイミング的に意味があったと思います。

カッコよく生きる人から学ぶ

――海外と日本を行ったり来たり、去年はいろいろなことがあったんですね。

藤代　本当にそうでした。正確に言えば、6月にカンタベリー、そのあとにスペイン・バスクのビルバオ、日本に帰ってきて「世界創造マップ」を受けて、また海外に出てジュネーブでダボス会議、そしてベルリン……どれもバラバラではなく、全部が内面で絡んでいます。

――旅をしながら、それまでの仕事のあり方、生活のあり方をシフトチェンジしようみたいな思いがあった?

藤代　うーん、それは特になかったです。僕の場合、つねに「お前、変わりすぎだろ」と言われてきたので（笑）。

（20代の期間に）デザインコンサルタントとして動いたこともあるし、デザインエンジニアリング、メディアアートも触ったことがあるし、デザイン思考やシステム思考などのメタデザインやリーン・スタートアップも勉強して実践したことはあり……どれも触り程度なので、間違っても体得したなんて言えないですが、何となくは一通りやっているんです。で、つねに変わっている。

――変化が普通なんですね。そこに共通し

ていたものはある？

藤代　その時その時、そこにいる人がカッコよく生きている感じだったからかなあ。生き様がすごくカッコいいと思って、ある種惚れていたから、そこにコミットしていって、だんだんそうでもないなあとなっていって、離脱していくみたいな（笑）。盲目的になる瞬間というか、自分から依存していく瞬間を、そうした人に出会うたびに感じていて。

——惚れて離れて？

藤代　離れるというか、客観視できるようになるんです。（盲目的な状態から離れて）その人のことが見えると「ああ、人だよね」となるんですが、それまでは神っぽくなるんです。全知全能じゃないけれど、この人の言っていることは全部正しいんじゃないかという。

それで、その人の環境にすごく入りたくなって、依存して、その人が人だよねと思えると、人間同志のつきあいができるようになる。もちろん、ほとんどの人が年上ですから人として尊敬していますが、気持ちの中でそういう変化がある感じですね。

大学時代の覚醒プロセス

――20代を振り返って、まずどんな人が思い浮かびますか？

藤代　最初のロールモデルは、第一線のメディアアートの会社を経営している「ライゾマティクス」の齋藤精一さんですね。僕のいた大学で講師をされていたんですが、どうやったら齋藤さんみたいになれるかを考えて。うるさいくらいつきまとって、彼から全部盗んでやろうみたいな気持ちでいました。

――時期的には？

藤代　大学3年の頃ですね。

――大学は建築学科ですよね。もともとそういう分野が好きだった？

藤代　いや、高校で理系をなんとなく選択してしまって、父親がデザイナーだったこともあって、とりあえず建築学科に入っただけなんですが、入ったらとても面白くて、一気にハマってしまったんです。

――大学時代に覚醒したんですね。齋藤さんのどこに憧れたんですか？

藤代　建築と言われているものを、つねに問いを立てて再構成していたところでしょうね。課題の時にまず、建築というのは建物じゃなくて哲学だと言われて。要は、建築はアーキテクチャーであってビルディングじゃないということですが、当時の僕にはそれがとても衝撃的で。

齋藤さんは「俺は建築をやっているんだ」といってライゾマティクスの仕事をしているけれど、つくっているものが全然建築じゃないわけですよ。それは何なんだと、アルバイトしに行きたくなったのが最初でした。

世界が一個の村になるために

――それで弟子入りして……。

藤代　そう、弟子入りです。僕はずっと弟子入りしてきたわけです。

――そうした出会いのなかで、だんだんカッコいい像ができてきた？

藤代　そうかもしれません。それともう一つ言えば、1960年代って、テレビ・メディアなどの影響で世界が大きく変動した時代なんですが、そのなかに「世界を物語として書く」という建築家の運動があって、彼らは一個も建築物を作っていない建築家ということで世界的に認められていたんです。

僕はあの時代にハマって、大学4年の卒業設計で「世界が一個の村になるために」という21世紀版の物語を、論理的にかつポエティックにつくりきるということをやったんです。それで、自己満足ではあるんですが「やりきったー！」って気分になっちゃって。

――世界が一個の村になるために。

藤代　要は、アルゴリズミックデザインという手法を使ってGoogleの道路情報を読み込み、村が世界中で自動生成される建築モデルを作ったんです。Ciftの話をものすごくポエムにやっただけなんですけれど、いまも色褪せていないと思っています。

――ポエムというのは、リアルのもとになる世界観みたいなもの？

藤代　そうですね。で、その世界観をつくるところはやりきった感があったので、次はビジネスだと思って慶應大学大学院のメディアデザイン研究科に入って、外国人が30％いるような環境の中でお金を稼ぐ、社会で価値を出すというリアルなビジネスについて学びました。

そこはやりきったとまでは内的にも思っていないですけど、（ポエムとリアルを）アウフヘーベン（止揚）した形で社会人生活が始まって、そこで「プリズム」という自分の会社を興したんです。

起業、そしてコンサルへ

――起業は大学院を出て？

藤代　大学院2年の時でしたね。もう少しさかのぼると、大学院に入ったタイミングで、シリコンバレーの「エバーノート」という会社のグローバルコンペディションに受かって、向こうのカンファレンスに出て、その後、シリコンバレーで活躍している日本のすごい人たちをつないでもらって、1ヶ月くらい一人でまわったんです。それで、シリコンバレーが自分なりにわかった気になっちゃって、「俺って、イケるんじゃない？」みたいな気分になり（笑）、仲間を集めてつくったのがプリズムだったんです。

――どんな内容？

藤代　「デジタルファブリケーションを民主化する」という。3Dプリンターとかレーザーカッターとか、物理空間ではなくオンライン上で、どうやったらみんなが好きなものがつくれるか？　みたいなサービスだったんですが、結論から言うと何も始まらなくて。

一年間、企画したり、話し合ったりしたけれどにっちもさっちもいかなくて、スタートアップはやめて、できることからやろうと設計とかコンサルティングの仕事に移行したんです。

「場の設計」をコンサルする

――コンサルタントって、実際にどんなことをしていたんですか？

藤代 （設計には）空間がありますが、その前の理念、ありたい状態をまずつくる必要があり、僕はそれを「場の設計」と呼んでいます。具体的には、「こういうフレームワークでやっていきましょう」というオリジナルをデザイン・シンキングの考え方をもとに作って、なおかつ、それを本にして伝えるという。流れとしては、リサーチをして、ワークショップをして、コンセプトブックをつくって、関係者に浸透させていって……。

――そういう仕事があるんだ。

藤代 いや、なかったので、作ったんです（笑）。で、「いまはこうだけど、こういう理想の生活をしたいですよね」という理念の部分を現実の状態へ、最後は細かい要件定義にまで落とし込んでいく。要は、理念から現実までを一個のコンパスにして、そのプロセスを構造化するということをやっていました。

――それをクライアントに伝えていた？

藤代 そうですね。オフィスをつくる場合でも、ただ建物を作るのではなく、そこでイキイキと働くことを前提にすると、そのオフィスの使い方、人の動き方もプロセスに落として、把握しておいたほうがいいですよね。

たとえば、そこにどうしてコーヒースタンドがあるかとか、設計の意図がわからないと間違った使われ方をするかもしれないじゃないですか、そうした細かいところも含めて。

実際にやっていくなかで、仕事の進め方も洗練化されていき、クライアントも最初は小さい会社だったのが、大手企業の大規模開発などに変わっていって、その流れの中で渋谷の再開発にも関わるようになり……いまにいたる感じです。

エコビレッジを東京のど真ん中に

――理念を構造化して落とし込むというのは、興味深いですね。

藤代　ビジョンを持った経営者が従業員や関係者にコンパスを提示して、どう意識変容させるか、そのために具体的に何をするか、ですよね。

――その一方で、いくらやっても企業は変わらない、だから「これからはシンクタンクではなく、ライフタンクだ」とも以前言っていましたね。

藤代　僕の作ったメソッドは今までの自分の歩みが集約されているがゆえにオリジナリティがあって、その部分には自信があります。でも、企業に対するコンサルタントという立場に限界を感じた部分も確かにありました。

――そういう思いや経験が、いまのCiftにつながっている？

藤代　つながっていると思います。今回のキャストの仕事は、これまで話した「場の設計」とは違いますけれど、本当に世界を変えたいのなら「自分」がするしかないなと思って。

Ciftという場の設計、つまりCiftの理念を自分が作って、そこに関わる人がいて、これからやりたい状態を自分が中心にファシリテートするということ、それを個人、アーティストとしてやるべきなんだなって思って。

――渋谷再開発というすごく大きなスケールの中に、自分のアーティストとしての感性をうまく入れていく、そのとりかかりとしてCiftがある？

藤代　というか、当初から思っていたかわからないですけれど、たとえばスピリチュアルと経済のように、陰と陽、極《きわ》と極にあるものを動的平衡させることがとても大事だと思うんです。

Ciftの意義についてすごく簡単に説明すると、エコビレッジ（持続可能性を目指した町づくり、コミュニティ）を渋谷のど真ん中につくる、それも東急電鉄と一緒につくるということに価値があると思うんですよ。

極と極をつなぐ「架け橋」

――それは確かに、極と極かも。

藤代　エコビレッジというのは、とくに３１１以降、日本の南のほうを中心にどんどん誕生してきた、自分たちの理想の暮らしを追求する自給自足的なコミュニティ……そんなイメージですよね。

一方、渋谷の再開発というと、どれだけ床面積を確保して、どれだけお金をまわすかという資本主義の最高潮で、とくに渋谷の再開発は東京オリンピックにも関わってくる巨大プロジェクトじゃないですか。

そのどちらにもつながりのある自分が、渋谷再開発計画のなかで渋谷キャストという唯一住宅棟のあるビルの上層階のワンフロアに共同で住み、極と極をつなぐアーティストであり、コンサルタントをしている……自分自身のやっていることを客観視した時、「俺、いますごい状況にいるんじゃないか」と思って。

――カギになる場所にいる感じ?

藤代　時代を移行させるときに、現在と未来の架け橋としてこれ以上のところはないし、28とか29歳で何でこんなことをやっているんだろうと、もはや使命感も感じています。

――いままでバラバラ、分けて捉えられていたものの融合ですよね。精神的なもの、理念的なものと、現実のガチガチしたビジネス的なものとの。

藤代　ようやくCiftっぽい話になってきたと思いますが（笑）……エコビレッジ的なものは全体という方向性へのベクトルを、資本主義は個別という方向性へのベクトルを持っていると思っていて、要は時代の行き方が逆なんですよね。

もっと言うと、いまの経済って核家族向けサービスは出尽くして、個人向けのスマホとかが出てきて、さらにVRデバイスって頭向け、脳向けですよね? 身体性がなくても、市場が成り立つ方向にベクトルが向いていると感じています。

価値観でつながる新しい「家族」

――市場がどんどん、どんどん部分になっ

ていって。

藤代　ええ。エコビレッジは、一人では限界あるから、みんなで暮らして助け合おう、より全体的な、共同体的な方向に進んでいこうという、現状の市場とはまさに逆のベクトルですよね。

問題は、部分に向かっているものと全体に向かっているものをどうひもづけるか？　世界平和という文脈だと、個別よりも全体だと思いますが、それって依存した自立性のない全体ではなく、自立した個人が全体になる……つまり、「部分であり全体である」いうことが新しい世界観だと思うんです。

だから、ヒッピー的な生き方をしている人たちには、東京のようなところで食っていけるのかを問いたいし。

——そういう意味でのたくましさ、生命力があるか、ということですね。一方の企業に対しては？

藤代　共同体といっても外と断絶されるでもなく、個性が失われるでもなく、かつ、従来の核家族とは違う、血のつながりによらない「価値観でつながる家族」だと思っています。

企業人が自分たちで実践しながら、それを新しい市場ととらえ、新しい共同体向けのサービスを開発していってほしいなと思いますね。

自分の設計する敷地は「地球」

──近代化して二元論になって、二つが別れてしまって、一方だけが極端に進んで、取り残されたものを追い求める人もいて、どんどんいま二極化している。で、それぞれ追求しても答えがないところに来ているわけでしょう？　だから、つなげないといけない、でなければ世界平和なんて言えないと。

藤代　そうです。東急電鉄が渋谷に対して持つ「エンタテイメントシティシブヤ」といった理念じゃなく、自分自身の理念って何だろうって思ったとき、卒業設計の「世界が一個の村になる」が浮かび上がってきて。大学時代からずっと持っていた全体感が好きなんですよね。

──全体感というのは？

藤代　卒業設計というと、普通は「逗子に新しいコレクティブハウスをつくる」とか、ちゃんと建物として成立しているコンセプトがほとんどなんですが、僕は「（自分の設計する）敷地は身体か地球のどちらかしかないな」と思って、「地球」を選んだわけです。

その後いろいろなものに影響を受けま

すが、その時点で「理念を部分化したところに起きたくない」というマインドセットを持っていた気がしますね。自分自身がつねに全体とつながっていたい、部分化されたくないという感覚、思いがベースになっているという。

――スピリチュアルな世界の「ガイア論」のように、世界観だけがふわーっと広がってしまうと、目の前の現実とはかえってつながりにくくなって、逆に分離が始まってしまう。そのあたりの矛盾をどう収容するかですよね。

藤代　そこは大学の建築学科でいちばん学んでいたところで、最も抽象的なビジョンからダイアグラムにさせて、それをプランに落とし込み……具体的にこの部屋は何平米というところまで一個の物語にして、プレゼンテーションにまとめなければいけないというのが、大学の設計だったわけです。

――そうやって対極をつなげていった。

藤代　ええ。そういうところで、僕はずっとトレーニングしてきたんです。要はそこだけがすごく好きで、そこから先の構造物がどうで、強度がどうで、設計したものを実際に建てることが建築だと言われても、そのあたりは興味が沸かなかったです。

ですから、ガイア論に自分が向かったとしても、いまこの瞬間の状況の中でそれをどういうふうに具体にするのか？　Ciftのような形に落とし込むことができたのは、こうしたトレーニングが効いている気がします。

空間を共有する相互作用

――そろそろ、Ciftの世界観が確立していく過程について聞いていきたいんですが……具体的に展開しだしたのは、ベルリンから帰ったあたりから？

藤代　そうですね。Ciftの第1回の説明会を9月10日にやっているんです。最初は「シブヤコープ」という名前でしたが、毎月2回、興味を持ってくれたクリエイターを集めては、ひたすら3時間自分の想いを話し続けていました（笑）。

――反響は？

藤代　説明会で話を聞いてくれたのは、延べ200人くらいですかね？　途中から個人単位でも説明しはじめたので、コンセプトを対面で共有した人数は400人くらいになります。

――この間に自分自身の話が練れて、世界観が構築されていった？

藤代　まさに自分のトレーニングでしたよ

ね。一番話を聞いていたのは自分でしたから（笑）、話せば話すほど自己強化していって、（Giftの世界観が）できあがっていった気がします。

――で、オープンしたのは4月28日、記念パーティーが5月26日。実際に皆さんが住み始めたのは？

藤代　僕は5月なかばくらいですね。まだ住んでいない人もいるし、そのあたりは徐々にです。

――いまはどんな状況？

藤代　予想以上にすべての展開が早いですね。とくに意識変容が早くて、（同じ空間を共有する）相互作用って本当にすごいなと思います。

たとえば僕、結婚したばっかりじゃないですか。その僕の目の前に離婚したばかりの人がいて、話をしていくと立場の違いよりも、もっと奥にある共通項がどんどん見えてきて、「わかるよねえ」って。その議論の先に何があるのか、もはや誰も見えていないという（笑）。

身体感覚との出会い

――いろいろ外れるわけですね。

藤代　外れる。外れるのは何かと言うと、社会規範なんですよ。それってすごいことで、びっくりするんですけれど、まあ、社会から見たら狂人ですよね。で、狂人は新しい時代を作るパイオニアでもあったりするわけです。その狂人が（社会性を持った）聖人になるには……。

――なるには？

藤代　たぶん、良心しかないんですよ。社会規範というものがどれだけ人を正常にさせているか、つくづく感じます。社会規範がなくなると、確かに何でも自由にできるようになるかもしれない。でも、自分に嘘をつくと終わるなということも同時に感じます。

――狂人といっても、ただ好き勝手にやればいいわけではないと。

藤代　はい。そこで初めてわかったのは、身体がとても大事だということです。体の声を聞いて、この世界のリズムに合っていないことは極力やらない。睡眠とか食事とか、身体のことについても意識しないとおかしくなる、それがいまの僕の身体感覚ですね。

良心のルールが社会のルールに

――思うのは、身体の声が聴けるようになると、規範が規律に変わる。規範という社会的なルールよりも、規律という内なるルール、良心のルールがつくられていくという。

藤代　規範ではなく、規律。いいですね、すごくわかります。

——日本人は、規律を自然と持つことのできる民族だったわけで、建前と本音を使い分け、規範に対してもほどよくつきあっていたでしょう？

藤代　わかります。そういう感覚って、じつは日本人はグローバル的にも強いんじゃないかと思いますよね。で、僕が思うのは、規範がなくなって規律だけになった先に、その規律に基づいたオリジナルの規範ができる……そこがゴールじゃないか？　そこにも結構すぐに向かっていけそうな気がしていて。

——なるほど、進化した規律が生まれると。まずCiftの中でその雛形がつくられていくイメージ？

藤代　たとえば、僕は取材を受けて話す機会は多いですが、べつにCiftのリーダーというわけじゃない。規範としての、固定概念としてのリーダーは、Ciftにはいないですから。

ただ、みんなが自由になったとしても、誰かが信頼を集めていくことになるわけで、法律はトップダウンですが、みんなの信用を集めてリーダーになるというのは、ボトムアップ。結果的にそういう方向に進むことは見えていて。リーダーは絶対に必要ですから。

——プリミティブな社会に一回帰って、原始共同体が生まれ、リーダーが生まれ……人類の原体験を渋谷のど真ん中でやっている、それがCiftだと。

藤代　そうそう。ひとりひとり、渋谷という一点にとどまらず、多拠点でやっているところも面白いし、いままでと違うし。

——みんな、その意味がわかるかな?

藤代　いきなり深い話はできないと思いますが、翻訳して、表現を変えて。企業に対しても伝え方はあると思いますし、相手によって、当然、話し方も変わってきますよね。……なんだか自分の過去の話ばかりで、Ciftの話が薄そうですが、大丈夫ですか?(笑)

——うちにとっては、世界観が哲学だから。藤代さんの哲学を通して、結果的にCiftのことも伝わる気がします。今日はありがとうございました。

藤代　ありがとうございました。

藤代健介　KENSUKE FUJISHIRO

1988年、千葉県生まれ。東京理科大建築学科卒。慶應義塾大学大学院メディアデザイン研究科在学中に、空間設計のコンサルティング会社prsm（プリズム）設立。TEDxTokyoの空間デザイン設計、東日本大震災被災地でのコミュニティ設計などに多重的に携わる。「世界経済フォーラム」のGlobal Shapers Communityに選出され、2016年度Tokyo Hubのキュレーターを務める。SHIBUYA CAST.のコレクティブハウスにはコンセプト設計から参画し、2017年5月より自ら創設した「Cift」の住民となる。

「地球」と「身体」を結びつける新しいコミュニティの構築に向けて

ハンカチーフ・ブックス編集長　長沼敬憲

世界はどこを切り取っても変わらない

藤代健介さんとは、彼が結婚し、逗子に引っ越されたことでゆっくり話す機会が生まれ、僕のなかでふわっと距離が縮まった感覚が残りました。

まだ近所どうしというほどではないけれども、葉山と逗子くらいの距離感になった気がして、インタビューの日は、自転車に乗って逗子まで出かけ、地

取材後記

元の古い喫茶店で話しました。話のあちこちに印象に残った言葉がありますが、いま振り返って浮かんでくるのは、

「(自分の設計する) 敷地は身体か地球のどちらかしかないな」と思って、「地球」を選んだわけです。

というくだり。大学の卒業設計に臨むにあたっての決意表明みたいな話を聞きながら、僕は地球ではなく身体だったのかな、とふと思いました。

身体といっても、元素までバラバラにしてしまうと、地球とまったく同じ材料になってしまうわけで、どちらも同じ宇宙の一部。

少しだけ自分の話をすると、僕の場合、大学の農学部で生態系について勉強していくなかで、福岡正信さんの自然農法と出会って目が開き、経営学の先生に「耕しもせず、肥料も農薬も使わないのに、愛媛県の反あたりの収量に匹敵する米が採れているみたいですよ」と遠慮気味に話したりしました。

返ってくる言葉は、うすうすわかっていました。要はレアケースだから一般化できない、経営学で扱える話ではないと。それはそうだと思いつつ、でも、「こうした夢みたいな本当の話をスタンダードにするには何か必要なのだろう?」と問いかけたのを思い出します。

自然回帰の農法と、農薬を使った大規模農業。そこにも当然のように二元論があり、それぞれの世界

観はかみ合わないまま、ともすると互いを批判する話ばかり出てきてしまいます。

福岡さんのことを卒論のテーマにしつつ、僕が出した結論は、「田舎だけが自然ではなく、都会も自然の一部である」「生態系は土の中だけでなく、人間関係にもある」というものでした。

二元論をいかに解消するか、対立軸をいかに消すか。それを自分なりに納得いく形にグランディングさせていくため、身体をベースに自己を内側から変容させ、その感覚がどこまで世間に通用するか？現実社会とつながることで試していこう……そんなふうに考えたのです。

建築学科で学んできた藤代さんとは、直接接点のない話かもしれませんが、僕が彼に共感したのは、こうしたバックボーンのなかでよく似た問いかけをしていたからかもしれません。

土壌の生態系を成り立たせているものは、身体の中にも存在し、僕たちはその身体を通し世界を感じ、人と接し、「この件はおそらくこうだろう」という暗黙知的な仮説を持ちます。

こうした言語化できないものと、言語化できるもの、どちらも大事にして、つなげること。

たとえば、免疫細胞がやっていることと、ある人が会社組織の中でやっていることは、俯瞰してみるとほとんど変わりありません。

免疫は炎症物質を出すことで異物を排除しようとしますが、しばしば間違い、自分の身体を傷つけたり、アレルギーを起こしたりします。そして、僕たちもまた人間関係でしばしば過ちを起こし、俗に言う炎上を起こします。

あまり傷つきすぎると病気になりますが、でも、何かの拍子にすべてが同じ原理の中で成り立っているという実感が持てると、不思議な安心感が湧いて、自分を見失いません。

世界はどこを切り取っても変わらない。だからこそ、いま目の前にあるもののなかに、世界を変えていく手がかりがある。答えがある。

理念として思い描いたその先にあるもの。

藤代さんは、多少の炎上(炎症)をものともせずに、これからきっと新しい生態系、コミュニケーションの形をつくり、それを社会のなかで機能させていく、そのパイオニアの一人になっていくのでしょう。

僕自身、異なる世界を歩んできた彼と話すことで、自分の内的確信が裏付けられたような、科学者が一つの論文を書き上げ、仮説の一部が証明できたような気分になれました。

これから先、藤代さんの活動している外的世界とつながることが、内的世界を旅してきた僕自身の二元論の統合につながるのかもしれません。

Special Talk 2

いのちを重ね描きする

中村桂子（生命誌研究者）
藤田一照（禅僧）

生命科学というと、自分たちの日常とはどこか遠い、特別な世界の話のように感じられるかもしれません。

でも本来､生き物の「いのち」を扱っているのが生命科学です。それが遠い場所にあるのだとしたら、どこかがおかしい。そんな思いで「生命科学」から「生命誌」へと展開し、生命のいとおしさを紡いできた中村桂子さん。

私たちが生きているバックグラウンドには、生物が歩んできた38億年の歴史がある……そんな「生命誌」の語り部である中村さんに、ぜひお話ししてほしいとお願いしたのが、禅僧として多方面で活躍する藤田一照さんでした。

禅と生命誌。こちらも一見すると遠い場所にありそうですが、共通項になるのは「いのち」を見つめるまなざし。たがいの世界観が混ざり合って、この現実の中で「強く、優しく」生きていくための言葉が生まれたなら……。

２０１７年２月、中村さんのドキュメンタリー映画『水と風と生きものと』の上映会のあと、初対面したお二人のトークが始まりました。


長沼敬憲（ハンカチーフ・ブックス編集長）

細胞も「縁」でつながっている

――一照さん、この対談を前に面白いご縁があったみたいですね。

藤田 先日、僕の郷里である愛媛県今治の札所である栄福寺で対話会があったんです。そこで、『数学する身体』という面白い本を書かれた独立研究者の森田真生《まさお》さんと対話したのですが、その会に中川学さんという僧侶でイラストレーターである方が参加されていまして、じつは中村先生の「生命誌マンダラ」を描かれた方でもあるんですよね？　今回、映画の中に中川さんのお名前があることに気づき、

生命誌マンダラ

びっくりしました。

――中村先生も、一照さんをたまたまテレビで拝見したとか。

中村　ええ。昨日は泊りがけの勉強会でホテルにいたのですが、休憩時間に部屋でテレビをつけたらお話しされていて（注1）。明日お目にかかるのに偶然（テレビで）お会いするなんて面白いなと。科学者っぽくない言い方なんですが、やっぱり縁を感じましたね。

　仏教で「縁」とおっしゃいますけど、生物学でも、発生生物学の岡田節人《ときんど》先生（生命誌研究館初代館長）は、「細胞の縁」とおっしゃっているのです。私たち人間はたくさんの細胞でできていますよね。最初は受精卵が一個あって、それが分かれていって、体の組織や器官ができるのですが、それは「だんだんと決まっていく」んですね。それを岡田先生は「細胞の縁」とよくおっしゃっていたんです。

藤田　それは、直線的な原因と結果ではなくて？

中村　ええ、決定論でできているものではなく、たまたまある細胞がある細胞と出会って、「じゃあ、一緒にやっていこうよ」といった感じで体ができあがるんです。その意味では、「縁」は科学でも考えることです。

藤田　岡田先生はだいぶ前に『細胞の社会』という本を書かれていますよね？　僕はこのタイトルを見た時に「細胞に社会？」と思いましたよ。だって細胞の発生生物学という、細胞がどうやって形を成しているかを細かいレベルで研究されている方が、「社会」という人文系の言葉を使って本を出されているわけですから。

中村　毎日毎日細胞を見て研究している中で、そう思わざるをえなかったということでしょうね。ずいぶん昔の本ですから（刊行は1972年）、あの当時「細胞の社会」という言葉を使われたことは先見の明と言うほかありません。

藤田　まさに、中村先生が繰り返し強調されている「重ね描き」の世界ですね。科学という精密な絵（＝密画）の上に、日常というもっとラフなもの（＝略画）を重ねていくことが、生命誌的なアプローチではないかという……。

科学と日常を重ね描きする

中村　こういう話をすると古いのがバレていやなんですが、ＤＮＡが発見された１９５０年代、私はすでに学生で……。

藤田　もうすでにみなさんご存じなので大丈夫です（笑）。

中村　ご存じなんですね（笑）。DNAの二重螺旋《らせん》のことを知って、「ああ、これで生き物のことがわかる」と思いました。実際、わからなかったことがどんどんと解明されていきましたから、とても面白いと思いましたけれども、科学は自然を機械として見ているんです。「生き物も機械と同じで、分析していけばすべてがわかる」というのは本当かなと。疑問に思いますでしょう？

藤田　ええ、たしかに。

中村　DNAで調べるといろいろなことがわかるんですが、ちょうどその頃、子どもが生まれまして、なぜかわからないけれどいつもワーワー泣いているんです。「それをDNAで解明できるだろうか？」と（笑）、そういう科学と日常の矛盾に気がついて、そのギャップに悩んだのです。

解決の方法を考えました。一つは「日常で実感することを大事にして、もうDNA研究はやめる」。そうすれば楽になれるはずですが、研究は面白くてやめられません。そこで、DNA研究はやめず、子供が泣いていることも大事にする、その方法を探そうと思ったのです。私は仕事の中で女性だとか男性だとかは考えませんが、こう思ったのは女性だったからかなと思います。

藤田　実際、それでどう解決されていったのですか？

中村　生き物はできあがってここにあるのではなくて、「生まれてくる」ということに気づいたんです。あらゆる生き物がそうですよね。藤田さんだって、ご両親がいなければ生まれてきません。そのご両親も生まれてきた。そして、そのご両親も生まれてきた……。

いまの学問では、すべての人類をたどっていくと、その祖先はアフリカに戻るといわれています。いま生きている約73億人全員がアフリカの数万人の人から始まったというのは、まさにDNAのおか

生命誌絵巻

げでわかっています。

そして、その最初の人類はというと、一番近い仲間がチンパンジーです。チンパンジーとの共通の祖先をたどってどんどん戻っていくと、私たちのような脊椎動物の祖先は魚類に戻ります。そして、魚からもどんどんと戻ると、あらゆる生き物の祖先がいるんです。それが「生命誌絵巻」の扇の要ですね。

この祖先がいつどこで何から生まれたのかということは、まだわかっていませんが、38億年前の海の中にはそういう生き物がいた、おそらく細胞があっただろうという様々な証拠があります。扇の一番上には様々な生物を描いています、そのあらゆる生き物が扇の要から来ているんです。キノコもひまわりもイモリも人間も、みんな等しく38億年かかってここにいるんです。

「外から目線」になっていませんか？

藤田　みんな同い年ということですね。同い年で兄弟で……。

中村　親をひとつにした同い年の仲間です。そういう視点で生き物を調べていこうと思って始めたのが生命誌です。この中でもうひとつ言いたいのは、「扇の内側に人間がいる」ということです。

藤田　（内側の）一番左端にいますね。

中村　どこにいてもいいのですけど、たまたま。現代社会の政治や経済を動かしている方たちは、おそらく「人間は扇の外」、しかも上のほうにいると思っているでしょう。ですから、私は「地球に優しく」と言う方に「それは上から目線じゃないですか？」と言うんです。扇の中にいたら、優しくしてもらえないと生きていけないのですから。

藤田　映画の中でも、「人間は生き物です」ということを強調されていましたね。人間が生き物の外側にいるような立場でものを言ったり、行動したりするところに、先生ご自身、問題を感じていらっしゃるからですか？

中村　それをやめるともっと暮らしやすくなるというのが私の気持ちなんです。

藤田　この「生命誌絵巻」は、科学的な裏付けがあって描いていらっしゃるんですよね？　ですから、これに文句を言う人は科学を認めない人だということになりますね。

中村　ええ、これ自体は科学をベースにしているので誰も否定しません。それなのに、日常に戻るとついつい気持ちとして「外から目線」になる。事実として「人間である自分が扇の中にいる」と考えてくださいませんかと言いたいのです。

藤田　映画の中で、建築家の伊東豊雄さんと「世界観を持つことがいかに大事か」という話をされていましたが、頭ではわかっていても世界観のところはなかなか変わらないという……。

中村　そうなんです。生意気を言えば、機械論的な世界観に対して生命論的な世界観を持つことが、21世紀では大事だと思うのです。

藤田　物理学で言えば、ニュートン物理学が19世紀の終わりまでにはすべてを説明できる、ほとんど解決できると思っていたけれど、じつは説明できない問題がいくつかあって、そこから量子力学や相対性理論のような現代物理学ができてきたわけですよね。こうした流れの先に、もう少し生命誌的な生物学の流れができてくることはあるでしょうか？

中村　急に今日から明日へと変わるものではないでしょうが、長い目で見れば変わっていくと思います。

「生き物として」生きなさい

藤田　生命科学をずっと見てこられた方たちは、同じように生命論的な方向にシフトしていくべきだという考えを持っておられるんですか？

中村 「べきだ」ではなく、自然と「そうなんじゃない」という感じですね。生物学には「べきだ」という言葉がないんです。「蜘蛛《くも》がいます、蜻蛉《とんぼ》がいます、蝶がいます」というふうにいろいろなものがいますよね？「蜘蛛がいてもいいじゃない、蟻も蝶もかわいいね」ということで考えていかないと。とにかくすでに「いる」わけです。しょうがないでしょ？「べきか、べきでないか」と言ってもすでに「いる」のですから。仏教もそうですよね？

藤田 仏教の修行というと、（こうあるべきだという）「べき集」みたいなものをこなしていくものだと僕も最初は思っていたんです。みんなができそうにもない「べき集」をこなすのが偉いと思っていたんですが、それは仏教をわかっていない人が持ちがちな間違ったパラダイム、世界観でした。よく読んでみるとそうではなく、内側から生まれてくるもっとイキイキとして自発的で、その時ごとにフレッシュなものが大事なんです。

中村 「べき」ではなく、自分がやれることをやりましょうということですよね。

藤田 生命的に生きなさいというのは、「生き物として」生きなさいということで、ロボットのように生きるのとは違うということですね。極端な話で言えば、プログラム化されたものをちゃんとこなして間違うことなくずっとやっていきなさいというのとは、だいぶイメージが違っています。坐禅でも、僕も最初は「これはやってはいけない」とか「こうしなければいけない」みたいなことを考え、できたかできないかで見ていたんですが、本来はそうではなく、生命論的なパラダイムでやらなければいけないのだと。いまはだから、僕の中でも機械論的修行観から生命論的修行観へゆっくりシフトしているような感じです。

思考をかぶせないで味わう

中村　瞑想というと私たちには近寄りがたいもののように感じてしまいますが、むしろ自分の内側から出てくるものを大事にしようということなのですね？

藤田　「自分が生きているということを直接味わいなさい」という言い方をしてもいいかもしれません。たとえば、精神統一とか無念無想というような自分が思い描いた理想に持っていくのではなく、いますでに自分が「ある」ことを、思考をかぶせないで深く直接に味わっていこうというものじゃないかと。

中村　生物学と同じです。先ほど言いましたように「蜘蛛も、蟻もいる……」という、その「いる」ということを大事にして、しかも自分の中から出てくることを大事にして考えていきましょうというところは本当に同じです！

藤田　なるべくいじらず、自由を与えて、自由から秩序が生まれてくるのを目撃しなさいということで、他律的に外から秩序を押し付けるのとは違うんです。男というのは頭でっかちなので、そういう押しつけをやってしまいがちですが……。

中村　それは、頭の思考が先に走ってしまうという感じでしょうか？

藤田　本当にそうです。

中村　体の内側から出てくるやり方を進めていくのは？

藤田　その点で生命誌的な生命の見方、生きているということのとらえ方に、禅は非常に寄り添っていると思います。

中村　生命誌と重なりますね。

藤田　非常に親密な関係かなと。

中村　なるほど。ありがとうございます。

藤田　だから、中村先生の本（『科学者が人間であること』）の中に僕の好きな人がいっぱい出てくるんだなと納得できます（笑）。宮澤賢治は出てくるし、南方熊楠は出てくるし、今日来る時に読んでいたら、マイケル・ポランニーも出てくるし……。

死物化したものを回復させるには

――あと大森荘蔵先生もそうですよね？

藤田 ああ、そうですね。

中村 大森先生は物理学者から哲学者になられた方です。本当に素敵な方で、私はいろいろなことを教えていただきました。正直、おっしゃることは難しかったですが、その難しい言葉の中で私が「これだ！」と思ったことがいくつかあり、そのひとつが「重ね描き」です。

大森先生は「科学というのは様々なことを調べるものであり、調べるべきはどんどん調べなさい」と。科学はすべてを数字・数値で表すという点で日常的とは言えませんが、大森先生はもっと厳しい言い方で「科学はすべてを死物化してしまう」とおっしゃったんです。つまり、生きているものなのにすべて細分化して、そこだけを見てしまっていると。

藤田 ひとつの生命をバラバラにして分析しようとしていると……。

中村 だから、たとえば原始時代の人々は自然も生きているというふうに受けとめていた。だけど、そんなすべてを死んだものにしてしまったのが「科学」だと。ある意味では、科学に対してとても厳しい言い方ですよね。

藤田　はい。僕も（東大の学生だった時）授業を取ったことがありますから、大森先生のことは存じています。

中村　たとえば、生物学でＤＮＡなど調べていても、「それは生き物を調べているわけではないよ。死物にしてしまっているんだよ」と言われました。だけど、大森先生はここで救いを出してくださって、「そういう調べ方をやってはいけないとは言わない。だけど、そんな調べ方で生き物がわかるわけではない」と。

では、何をしなければいけないか？私は科学の世界にいますが、それだけが私ではないわけです。先ほどお話ししたように、泣く赤ちゃんをあやし、家事も料理もしなければいけないという日常の中で生き物と接しています。そういう時に生き物に対して感じることと、科学をやってわかってきたことを重ねて考えられる人になればいいんだよとおっしゃったんです。

だから、科学はこうだとか、日常はこうだとかいう話ではないんです。ましてや、科学は死物にするから日常のほうが素晴らしいとか、日常は非科学的だからすべて科学で考えなさいとか、そんなことではない。一人の人間の中に科学で考えるということと日常で考えるということの両方があるのであり、それが感じられる人間になりなさいと言われたんです。これが救いでしたね。私は科学を捨てたくないですから。

藤田　たとえば、ブーンと蚊が飛んでいる時に、科学者だとその蚊についていろいろと研究して、知識を得ようとするわけですが、日常だと叩こうとして追いかけると、悲しそうにイヤだーと言いながら逃げているみたいに思ってしまいますよね（笑）。

中村　それは仏教の修行をしてらっしゃるからで、何も考えずにバン！と潰す人が多いんじゃないですか？（笑）

藤田　いや、僕もたいていはそんなことも思わずに潰しますが（笑）。でも、やはり捕まりそうになるとなんだか悲しそうなトーンで泣いているように感じてしまうところはあります。それも大事だということでしょうね。

まど・みちおの詩が語るもの

中村　そのお話と関連するかもしれませんが、まど・みちおさんが「蚊」の詩をたくさん書いていらっしゃるんです。いま、「まど・みちおの詩で生命誌をよむ」というラジオ番組をやっているんですが、その内容をまとめた本（注2）にまどさんの「蚊」の詩を全部取り上げたんです。いまおっしゃられたように、蚊が寂しそうにとまっているとかあるんですよね。

藤田　ああ、ありますね。ちょうど（持参していた本を）開いたページにありました。これもご縁ですね（笑）。

（中村さんが朗読を始める）

蚊も亦《また》さびしいのだ。
螫《さ》しもなんにもせんで、眉毛などのある面《かお》を、しずかに触りに来るのがある

中村　普通はそんなこと考えもせずに蚊が飛んできたらバン！とやっちゃいますよね？　ところがまどさんは、蚊がフッととまったらこういうふうに思う。ここが私がまどさんを好きなところなんです。

藤田　（こうした日常の捉え方を）略画と呼ぶのはどうなんでしょうか？　略画というより、ものすごい密画のようでもあり、これを略画というのは申し訳ないような気がするんです。

中村　日常だから全部が略画というものではないということですね。たしかにとて

も細密に心の働いている略画は、密画と呼んでもよいかもしれませんね。まどさんの詩は全部そうだと思います。

藤田　僕も実は坐禅についての本を書いたんですが（『現代坐禅講義』）、その中にまどさんの詩を引用しました。言いたいことをすごくやさしい言葉で、しかもイメージがパッと湧くようなものなのですごく助かるというか。

中村　助かりますか（笑）。

藤田　はい（笑）。だからこの『まど・みちおの詩で生命誌をよむ』というタイトルを見た時に、先ほどの岡田先生の「細胞の社会」ではないですが、すごくピタッとくるというか、ものすごくタイムリーだなと。（今回の対談が）決まってからこの本が出たので、おっしゃるように、これもまたご縁だったなと。

中村　確かにそうですね。

死によって何が起きるのか？

藤田　せっかくなのでひとつ質問させてください。僕がずっと持っている疑問なんですが、僕らは生き物であり、いわば、生きている物質ですよね？　生きている物質と死んでいる物質の決定的な違いというのは？　僧侶としては臨終の席とか、僕自身も肉親が亡くなる場面に何度か立ち会っていますが、そこで何が起きるのかというのが……。

略画的に言えば「昇天した」とか「天国へいった」となるのでしょうけれど、密画でいうと生き物が死に物になる時、何が起きるといえるのでしょうか?

中村　言い逃れるわけではありませんが、実を言うと、生物学では「生き物とは何か」という定義はまだできていないんです。もちろん科学的に、教科書的に言えば生き物というのは水のようにつながっているのではなくて、「藤田さんは藤田さん、私は私」というふうに区別されていてきちっと境界があってまとまっているものです。そして、必ず代謝をしています。

たとえば、マイクがここにありますが、それはここにあるというだけです。でも、私がここに来れば必ずここの空気を吸うわけです。吸って、出して、吸って、出してということを必ずやります。酸素は代謝と関わります。三番目が「複製をする」ということです。DNAを持っていて自分を作って子どもへとつなげていく。四番目が「進化をする」ということです。どんどんと変わっていく。だから38億年前に生き物が生まれましたが……。

藤田　それは(生き物の定義を)全部を備

えたものですか？

中村　そうです。すべてを備えたものが生まれたんですが、もしも進化ということがなかったら、いまでもその当時の生き物がいるわけで、私たちなどいるはずがありません。いまいる生き物はいないはずなんです。だから、あるものからどんどんと変わって新しいものを生み出していく。それが生き物です。このマイクは進化はしませんでしょ？

藤田　人間が作っていけば違いますが、それ自身がやることはないと。

中村　そうです。生き物はそれ自身が進化をするんです。でも、これは教科書的な定義です。生き物というのはどういう性質かということはすべての教科書に書いてありますが、それがわかったからといって亡くなった方についてわかるわけではありません。もちろん、そこで代謝が止まります。それは確かなのですが、「だから生き物って何？」と聞かれても「これぞ！」という答えはなくて、私はその時々に自分の感じていることを答えます。

ある時は「時を紡ぐもの」と答えます。私たちは一瞬、一瞬どんどんと変わっていって、必ず時を紡ぎます。残念ながら最後は死というところへいくわけです。

矛盾があるから生きていける

藤田　時を紡ぐのが終わると？

中村　最後は死に行き着くわけですが、私たちが生きているとは何かと問われたらそんなふうに答えることもあります。それから、ある時は生き物とは「矛盾の塊」と答えることがあります。

たとえば、無駄はないほうがいいとされますね？　ですが、免疫では何億という免疫細胞を作って外敵に備えます。そして「ああ、今日は私が役割をする外敵は来なかった」となったら死んでいくんです。たいへんな無駄をしています。でも、それがないと私たちは生きていけません。「無駄だ」とか「変だ」と思われることを全部なくしていくと「死」にたどり着いてしまうんです。だから、「矛盾があるから生きている」と思わざるをえない時があるんですね。

「時を紡ぐもの」であったり、「矛盾の塊」であったり、決定的な答えはないのですが、「生き物らしさ」をひとつの言葉に限定しないで考えていくのがいいのではないかと思うんです。死についても「これが正解」というのは科学的にはありません。

藤田　科学というのはいつでも仮説で、仮説を反証するような証拠が出てきたらいつでも変えていくんですよね。頑固に変えない人もいるかもしれませんが、建前としてはオープンエンドでいつでも変わっていくもので、それこそ進化していくものであるという点が、科学の素晴らしいところだと思います。

中村　科学者に質問される方は必ず答えを求めますが、私たちが日常で一番大切にしていることは「問い」なんです。立派な功績を残した科学者は、それまで誰も考えなかったような新しい問いを立てた人なんですね。新しい問いを立てると良いお仕事ができる。だから「問いを見つけること」が科学なんです。もちろん、問いを見つけたらその答えを探し始めますが、たいていの場合は「これで終わり！」という答えは決まらないですね。

たとえば、宇宙がそうですね。宇宙１３７億年の歴史があって、急速に解明されてきたと思ったら、またダークエネルギーなどが出てきて……。

藤田　（宇宙の）４％しかわかっていないといわれていますからね。

中村　そう。とんでもないものが出てくるわけです。進めば進むほど、わけがわからないものが出てくるのが科学とも言える。そしてそれを楽しめるのが科学者なんです。答えがないと落ち着かないというなら科学者には向きません。

ストンと落として何かをやる

藤田　もう一つ質問したいのは、「次の文明」、「次の科学」というふうに、映画の中で「次」という言葉を何回か話されていましたが……。

中村　そうですか？　私はいまの社会、特に21世紀に入ってからの社会は、「人間も生き物のひとつだ」と考えている立場からすると、とっても生きにくい社会になっているという実感があるんです。

たとえば、〝HATE〟（ヘイト）という言葉はありえないですよ。人類73億人は全部同じルーツから出ているんです。だから、兄弟げんかはありますが〝HATE〟ではないでしょ？　ちょっとしたいさかいが起こるのは生き物の世界の常ですが、〝HATE〟という言葉は、この中からは出てきようがありません。そんな言葉がこんなに日常の中に出てくるなんてかつてはなかったと思うのです。

藤田　仏教では、普通の人間のことを「凡夫」といいます。この凡夫の特徴は、「事実に注文をつける」、「不平不満を持ってしまう」という点なんですが、それは人間の特徴でもあると思うんです。事実に文句を言っては変えていこうとするのも人間の能力で、科学やテクノロジーを発達させた原動力ですよね。単に知りたいだけで終わらずに、知って利用して自分の都合のいいように周囲を変えていこうとするのも人間の生き残りの戦略だったのでしょう。

ただ、いかんせん歯止めがきかず、暴走してしまっている。その結果、いまの生きやすくするために作ったはずのシステムや社会が、人間にとって逆に生きにくい社会になってしまっています。

中村 生きにくくしてしまいましたね。小さな気持ちであっても、「こういうふうに考えるんですよ」ということを一人でも多くの方と共有し、何かが変わっていくといいなと思うんですが……。

藤田 こういうことは、浅い知識で終わらないで、ハートとかソウルに臍落ちすることが必要ですよね。

中村 考えをただ共有するというのとは違うんです。先ほど、科学としては世界中の仲間が生命誌絵巻を認めてくれると話しましたが、それはおそらく「頭」で認めてくれているんです。それは共有のための基盤だと思いますが、そこから体にストンと落とす時には文化によって違う。

お釈迦様から始まった仏教も含めて、日本人が取り入れた文化はその「ストン」ができると思うんですが、違いますでしょうか？

藤田　そうだと思います。でも、自動的にはそうならない気がしていて……。

中村　ストンと落ちたからといって、その人が何かがすぐにできるとか、力を持って何かを成せるということには必ずしもつながりません。ただ、私はストンと腹に落ちる人が多いのが日本人じゃないかなと思っているんです。

オーガニック・ラーニングのすすめ

――禅でも「ストンと腹に落ちる」ということがテーマだと思うんですが？

藤田　落ちていなかったら出直して来いと言われる感じがありますよね（笑）。

こうしたことは、口頭で教えることも必要ですが、一緒に暮らしていく中で「こんな時はこういう眼差しで見るんだとか、こういうふうに触れるんだ」とか、実際に経験して、からだで学ぶのがいいと思うんです。

僕はこれを「オーガニック・ラーニング」と呼んでいるのですが、子どもって、母国語を覚えたり、歩き始めたりするのに別にテキストや授業があるわけでもコーチがいるわけでもないのに、あらゆることを吸収して知らぬ間にできるようになりますよね？　ボキャブラリーを文法に従って組み立てることで無限に文章を作り出したり、日常の動作も同じく「こう動けばこうなって……」ということを無限に生み出していけます。いまはみんな学校の授業のようにやっているでしょう？　先生がいて、テキストがあって時間割があって。それも必要かもしれませんが、こういう新しい世界観が臍落ちするようになるには、やっぱりそうではない方法が必要かもしれません。

中村　「言う」ことも大事ですが、もっと大事なのが「聞く」ことだと思うんですね。だけど、聞いてないなあと思う人がいっぱいいる（笑）。柔らかく捉えることが大事ですが、それはまず「聞く」という容れ物を持っていないとできないと思うんです。だから、私はディベートが嫌いなんです。子どもたちにディベートを教えようとか言いますが、あれは「言うだけ言って負かせばいい」感じでしょ？

そうではなくて、私たちがいま持っている「知」というのは、すべて「対話」から生まれているんですね。お釈迦様もそうだし、ソクラテスも孔子もそうです。何か素晴らしいことを生み出した方たちは、みんな対話をされたんです。子どもたちにもディベートではなくて「対話をしようね」という雰囲気にしたいなと思うんです。

対話すると答えを教えてくれる

藤田　対話といえば、人と人もありますが自然との対話も大事ですね。

中村　そうです。あらゆるものとの対話です。生命誌研究では対話しています。対話しないと教えてくれませんから。本当に面白いですよ。いじめて「お前なんとかしろよ」なんて言っていてもダメで、やっぱり大好きで対話していると答えを教えてくれるんです。

藤田　いまは二次的、三次的な知識ばかりで、一次的な知識が少ないですよね？　直接生き物に触れることが、汚いとか、虫自体が減っているとか、都会だからとかいろんな理由で減ってしまっていてすごく危うい感じがします。それは自然との対話がないのと同じですよね。こちらの見方次第で見えなかったものが見えてくるようになる、そう問いかけると答えてくれるものが対話でしょう？

中村　本当にそのとおりです。自然との対話は大切なんですが、それが減ってきてますね。

藤田　こうしてご本人とお会いして、中村先生がマインド（頭）ではなく、ハートやソウル（魂）のところでわくわくしながら活動されているのがとても伝わってきました。まさに生命誌的な生き方をされているのが感じられ、今日は対話できて本当によかったです。ありがとうございました。

中村　こちらこそありがとうございました。

注1…ＮＨＫ教育『こころの時代〜宗教・人生「心はいかにして生まれるのか―脳科学と仏教の共鳴」２０１７年2月5日放送。

注2…『ＮＨＫカルチャーラジオ　科学と人間〜まど・みちおの詩で生命誌をよむ』（中村桂子　ＮＨＫ出版）

中村桂子　Keiko Nakamura

１９３６年東京生まれ。59年、東京大学理学部化学科卒。理学博士。三菱化成生命科学研究所、早稲田大学人間科学部教授などを経て、93年、大阪・高槻市に「ＪＴ生命誌研究館」を設立。大腸菌の遺伝子制御などの研究を通じ、生物に受け継がれている生命の歴史に着目、「生命誌」を提唱する。２００２年、同館の館長に就任、現在に至る。著書は『生命科学から生命誌へ』『自己創出する生命』『科学者が人間であること』『小さき生き物たちの国で』など多数。２０１５年、ドキュメンタリー映画『水と風と生きものと～中村桂子・生命誌を紡ぐ』（藤原道夫監督）が公開された。http://www.brh.co.jp

藤田一照 ISSHO FUJITA

1954年、愛媛県生まれ。灘高校から東京大学教育学部教育心理学科を経て、大学院で発達心理学を専攻。院生時代に坐禅に出会い深く傾倒。28歳で博士課程を中退し禅道場に入山、29歳で得度。33歳で渡米。以来17年半にわたってマサチューセッツ州ヴァレー禅堂で坐禅を指導する。2005年に帰国し、現在、神奈川県葉山の「茅山荘」を中心に坐禅の研究、指導にあたっている。曹洞宗国際センター所長。著書に『現代坐禅講義—只管打坐への道』、共著に『アップデートする仏教』『僕の飼っていた牛はどこへ行った?』、『青虫は一度溶けて蝶になる』、訳書に『禅への鍵』『法華経の省察』などがある。http://fujitaissho.info/

人生を「重ね描き」すること、世界をつなげること、学習すること。

ハンカチーフ・ブックス編集長　長沼敬憲

いのちをめぐる旅の先に

中村桂子先生には、前号の『TISSUE』でインタビューをお願いしたのですが、そのきっかけになったのは先生のドキュメンタリー映画『水と風と生きものと』。逗子の映画館でふと目にしたのがご縁で、遠い存在だと思っていた中村先生へのインタビューにつながり、そこから生命誌のことを考える機会が増えました。

取材後記

もう少し生命誌に接していきたいという思いが湧いてきて、その後、ハンカチーフ・ブックス主催で、2回にわたって映画の上映会を企画、今回の記事にもつながりました。

その一連の流れに関わってくださったのが、お世話になっている藤田一照さんです。

一照さんは中村先生と大学が一緒で、驚いたことに、中村先生の恩師にあたる大森荘蔵先生の講義も受けていたといいます。

一照さんがベースにしているのは、いのちです。心を超えたもの、僕たちの存在の核にあるものとしてこの言葉を用い、一緒につくった『僕が飼っていた牛はどこへ行った?』でも、いのちと出会う話を展開させてきました。

この1年ほどのなかで、そんな流れができていたこともあり、生命誌の視点からいのちの話をする中村先生とは、きっと面白いコラボレーションが生まれると思ったのです。

2時間の映画を鑑賞した後のトークショーですから、それなりに長丁場でしたが、お二人ともイキイキと、楽しそうに話されました。印象に残ったのは、やはり「重ね描き」のくだりです。

それは、大森哲学をふまえ、中村先生が模索され、生命誌のベースになった「世界のとらえ方」。

科学的エビデンスがリアリズムとして幅をきかせるなか、日常というもう一つのリアリズムとどう接合させるか?　生きものを扱っている研究者として至極まっとうな問いを立て、正面から解かれていったのが、中村先生のこれまでのお仕事だったように感じます。

僕自身、この重ね描きの世界に共感するのは、それが一つの世界だけに埋没し、自分を見失わないための足がかりのように感じるから。

人が世界がたくさんあることを忘れ、重ね合わせてとらえる力を失うと、「偏り」と「孤独」を感じ、ことさら生きる意味を問うようになります。

でも、重ね合っている感覚さえ取り戻せれば、仕事と日常が自然とつながり、オンとオフに分ける必要はなくなります。

自分はどこへ行っても変わらず、世界は地続きだとわかり、頭を使って、世界について難しく考えることはなくなっていきます。世界がたくさんあることを感じ、それを感じている自己をも感じ、さらに重ね描きすると、最後に心に安心が生まれる……そんな青写真が見えてきます。

一照さんは、トークのなかで禅の意味について「いますでに自分があることを、思考をかぶせないで深く直接に味わっていくこと」と話されました。

中村先生は、間髪入れずに「科学も同じです」と答えられました。仏教と科学、禅と生命誌が重ね描きされた瞬間だったかもしれません。

こんなふうに本当は同じ目線で世界を見つめているはずなのに、人は差異ばかり気にして、一緒であることを拒んでいるところがあります。

一緒であることは同定することで見出され、そこに共通の法則性が浮かび上がります。それは科学の世界だけで行われることではなく、「考え方」「ものの見方」についても応用できること、積極的にやっていくことだと改めて感じます。それがきっと、本来の学習なのでしょう。


映画を通じて中村先生の生命誌とめぐりあい、一照さんの禅と結びつけ、ご縁のある皆さんと学ぶことで、次の景色が見えてきました。

そうか、根底にあるものが伝わりさえすればいいのか。それによって意識の変容をうながされれば、おのずと個別の世界についても解読していける。禅にも、生命誌にも自分なりに邂逅できる。

僕たちがやりたい哲学は、すべてをつなぐこと。だから、いまよりももっと広い場所に出ていきたいと思ったのです。

Interview 3

ジャスト・エンジョイ、「おもろい」人生を歩むために

松山大耕（臨済宗妙心寺退蔵院副住職）

２０１７年７月２日、京都から禅の若き担い手である松山大耕さん（臨済宗妙心寺退蔵院副住職）をお招きして、禅を世界に広めたパイオニアである鈴木大拙の古典的名著『日本的霊性』をテーマにした対談イベントを開きました。

対談の相手を務めてくださったのは、本誌でおなじみの藤田一照さん。会場となった一照さんの住まわれる葉山の茅山荘には、「霊性」をめぐる二人のお話を聞こうと、遠くからたくさんの方が駆けつけてくださいました。

「霊性」というちょっと耳慣れない言葉をテーマに選んだのは、それこそが人が「好く生きる」ための土台であると思うから。

折しも２０１７年は、鈴木大拙が渡米し、本格的に仏教の伝道を開始した年（１８９７年）から１２０年にあたる節目の年。

社会全体がパラダイムシフトを迎えようとしているいま、先人のメッセージをどう活かしていけばいいのか？　対談は別の機会にレポートすることにし、まずは大耕さんの語る「霊性」論に耳を傾けていきましょう。


長沼敬憲（ハンカチーフ・ブックス編集長）

お坊さんになるのは嫌だった

私は妙心寺の退蔵院というお寺の長男に生まれましたが、最初からお坊さんになりたかったわけではありません。

12月4日が誕生日なのですが、この日は「臘八大摂心《ろうはつおおぜっしん》」という厳しい修行のまっただ中。隣の道場からぶん投げられる人が出てきたり、毎年そういう光景を目の当たりにするわけです。正直、「なんなんだこれは」と（笑）。こんなことしなきゃいけないなら（お寺の跡継ぎなんて）絶対に嫌だと思っていました。

心境が大きく変わったのは、大学院の時でした。当時、農学生命科学科で学んでいたのですが、農家に半年住み込んで研究する機会があって、長野県の北にある飯山という町で過ごすことになりました。妙心寺派のお寺があるだろうかと調べてみたら一軒あって、そこが正受庵という、のちに私の心の師匠となる原井寛道和尚の護っておられるお寺だったのです。

白隠禅師ゆかりの寺として知られていますが、冬になると雪が3メートルくらい積もって、2階から出入りしなければならないような雪深いところで、檀家さんは一軒もないし、観光もやっていない。

どうやって寺の維持をしているかという

と、托鉢だけなんですね。この時代に托鉢だけで寺を守るというのもすごいですが、中越地震で傾いた本堂の修繕も、托鉢で貯めたお金でされているんです。

この人からは何も奪えない

僧堂での修行を終えた後も正受庵に再訪し、一冬すごさせていただいたのですが、とにかく和尚はいままで見てきたお坊さんとは全然種類が違っていました。

たとえば、あるおばあさんが亡くなられた時、「正受庵の和尚に葬式をやってもらいたい」と遺言されたため、親族の方が相談に来られたことがありました。で、帰られた後、和尚が真剣な顔をしてやって来られ、「お経を全部忘れたから、悪いけど代わりに葬式をやってきてくれ」と（笑）。

本当にびっくりしましたが、後からよくよく考えたら、弔いは重要だけれども、葬式をすることがお坊さんの一丁目一番地の仕事というわけではないですよね。では、何が仕事なのか？　同じ町に住んでいる詩人の方が和尚のことを詠んだ詩に、「托鉢の声を聞くと、町に安心が広がる」と書かれてあって、私はこれを読んだ時、「ああ、安心を与えるのが坊さんの仕事なんだな」って直感的に思えたんです。

和尚のことを一言で表すなら、「この方からは何も奪えない」と思わされるような人。お寺はいつも開けっ放しで鍵もかけておらず、誰に会ってもニコニコしていて、町の人全員に慕われている。生前に駅前に托鉢している銅像が立ってしまうような、ちょっと突き抜けた方でした。

「こういう方がおられるなら、この世界でチャレンジしてみる価値はあるんじゃないか」、そう感じたんですね。

「妙好人」と「大地性」

今回、鈴木大拙の『日本的霊性』を改めて読み返してみて、後半に「妙好人《みょうこうにん》」について取り上げているくだりがありますね。ここを読んだ時、「和尚の生き様こそ妙好人そのものだな」と感じました。

妙好人というのは、浄土真宗で言われている、無名ながら悟りの境地に達している市井の人をいい、『日本的霊性』では、その代表として浅原才市という下駄職人が取り上げられています。

和尚もまた、托鉢をして、作務をして……そこには「布教しているんだ」という意識はまったくなかったでしょう。『日本的霊性』の中に、「大地性」という言葉が出てきますが、それはまさに日常の中のリアリズムそのもの。霊性を磨くカギは、日常の中にあると思うんですね。

「霊性と言うといかにも観念的な影の薄い化物のようなものに考えられるかも知れぬが、これほど大地に深く根をおろしているものはない、霊性は生命だからである。大地の底は、自分の存在の底である。大地は自分である。」(鈴木大拙『日本的霊性』より)

私は、お寺に生まれながら、中学、高校はカトリックの学校に通っていましたし、いまでもヨーロッパの国に行ったりすると修道院に泊めさせてもらうこともあるのですが、そのなかで禅とキリスト教の修行の違いを感じることも多くありました。

その一つとして、修道院というのはものすごく勉強の時間があるんですね。それに対して、僧堂は基本的には勉強はほとんどなく、代わりに雑巾がけ、庭掃除、薪割り、畑仕事……「大地性」丸出しといいますか(笑)、でも、そのなかでスイッチが入ることもあるわけです。

私自身、退蔵院にいる日は、毎朝2時間、庭掃除を続けていますが、これも禅の一部なのだと実感します。坐禅だけが修行でない……世界各地の様々な宗教とふれあうことで、こうした感覚がまさに日本的だと感じるんです。

「規則」と「規律」は同じではない

これに関連して、以前、ルクセンブルグの大司教であるジャン - クロード・オロリッシュさんにお会いした際、日本の仏教から学んだこととして、ヨーロッパのキリスト教に足りないのが実践体験だとおっしゃっていました。

この方は上智大学の副学長を務められ、日本に23年間お住まいになっていたこともあり、それぞれの修行の違いがよくおわかりになるのでしょう。

いわく、キリスト教の神父さんは、賢いし、知識もあるし、学問的には優れている。けれども、自分自身の体験のなかでのリアリティが欠けているんじゃないか、そう話されたのです。

たとえば、インドも、東南アジアも、中国も、台湾も……日本以外の国のお坊さんは結婚ができません。肉も魚も酒もダメ。ところが、日本の坊さん全部やりますね。なぜそれが許されるのか？

以前、中国の修行道場で修行する機会があったのですが、行ってみて感じたのは、確かに中国の道場は規則が厳しい。お坊さんは結婚できないし、酒も飲めない。ほかにもいろんな規則があるわけですが、反面、規律がとてもゆるいんです。

坐禅中に寝ているとか、掃除もせずサボっているとか……規則は守るんですが、規律はないので、規則外の時間はダラダラしている。日本の道場はまったく逆で、規則のほうは多少目をつむるけれど、規律は守ろうとするじゃないですか。

禅の修行にかぎらず、規則よりも規律を重視するのが日本の文化のひとつの特徴と言えるかもしれません。大事なのは、外側にあるルールよりも、自分自身の内側にあるルール。自分を律するという言葉がありますが、こうしたところに日本の霊性が深く関わっているように感じます。

自然に理想を置くこと

日本人にとっては自然なことかもしれませんが、たとえすべてが自由であっても、自分の内側に律するものがなかったら、ただだらけてしまうだけで、何も続けることはできないでしょう。

では、日本人はなぜ自分を律しようとするのでしょう？　私はそこに、この国特有の美意識が関わっているように感じます。

日本人の美意識って、自然に理想を置いていると思うんです。私が住んでいる退蔵院は庭園が知られていることもあり、庭についてインタビューしていただく機会があるのですが、よく指摘されているように、欧米の庭園は左右対称、日本の庭園は左右非対称であることが多いですよね。

また、障子や縁側のように内と外との境界が曖昧なことも日本庭園の特徴の一つですが、どちらも自然に目が向いているがゆえだと思うのです。

無作為の作為と言いますが、たとえば、青森の奥入瀬渓谷のような、川が流れて、苔が生えていて、人間がどうやっても造形できない美しい景色があるでしょう？　あれには敵わないけれど、あたかもそうであるかのように庭を作り込んでいく。

花に命はありますか？

もちろん、この間の東北の震災もそうですが、日本には時として太刀打ちできない自然の猛威があります。自然を生かし、敬意を持って使わせていただく一方で、ある種の畏れを持って暮らさざるをえないところもあったでしょう。

浄土真宗を開いた親鸞さんは、人生で2回の大地震、2回の大飢饉に見舞われ、つごう4回死にかけたと言われています。そのたびにいろいろなことを試みるけれど、自分もまわりの人もなかなか救われない。それで最後は、念仏にいく。「南無阿弥陀仏」に全託するわけですね。

数年前にダライ・ラマ猊下《げいか》にお会いした際、ある科学者が「花に命はありますか?」と質問したのですが、即答で「ない」と答えられたといいます。でも、日本の宗教者の多くは「ある」と言うでしょう。花も、石も、風も……そういう自然のあらゆるものに対して、何かが宿っているととらえ、手を合わせ、頭を下げるところはとても日本的だと思います。そこに日本的霊性、日本人の宗教心のベースがあるんじゃないかと感じますね。

「無分別智」で二元論を超える

鈴木大拙は、『日本的霊性』のなかで、こうした霊性の現れとして、いわゆる「無分別智」について語っています。

「霊性という文字はあまり使われていないようだが、これには精神とか、また普通に言う『心』の中に包みきれないものを含ませたいというのが、予の希望なのである。(中略)精神には倫理性があるが、霊性はそれを超越している。精神は分別意識を基礎としているが、霊性は無分別智である」(前掲書より)

無分別智というのは、精神と物質の先にあるもの、つまり、二元論を超えたものを言っているわけですね。

「不二《ふに》」という言葉もありますが、二つに分かれているように見えて、本当は一つのものであるという。二元論を超えるのは決して容易ではないですが、そこを突き抜けたものとしてあるのが無分別智。まあ、それは何かと言われても、表現が難しいわけですが、禅には「臘八大摂心」というすごい修行があるとお話したでしょう?

一日中坐禅を続け、夜も横になれない。夜の3時間だけ警策が回ってこないので座睡できますが、足も痛いし、とても寝られない。そういう極限を経た後、老師に聞いたことがあるんです。「どうしてこんなことするんですか? ヘタしたら死んでしまいますよ」と。

そうしたら、ふたつ理由があると。一つはお釈迦さんが坐禅をして悟られたわけだから、同じことをしなくては同じ体験が得られないじゃないかと。もう一つ話されたのが、無分別智のことだと思うんですけれど、無意識の意識が大事なんだと。

風がピタッとやんだ瞬間

たとえば、「姿勢が悪い」と言われたらすぐに治せますよね。「言葉遣いが汚い」と言われても、その場で改めることができる。どちらも意識の世界の話ですから何とかなりますが、（無分別智を感じるには）意識が朦朧とするような、生きているのか死んでいるのかわからないような、ふだん意識できないところから変えていかなければいけないと言うのです。

私自身、一番寒い1月の接心で、ピタッと風がやんだのがわかった瞬間がありました。すごく寒いはずなのに寒さを感じず、風がやんだのをただ感じている。こうした風を感じるとか、絶対聞こえない遠いところの鳥の声が聞こえるとか……、おそらく普段はその種の感覚を意識的に消しているんでしょうね。

接心は「攝心」とも書き、攝には「心を集める」という意味があります。つまり、接心を通して心を集める（＝集中する）ことができたら、無分別の世界に少しは近づける。理屈を超える、理論を超える……時として、そうした意味での神秘体験が必要だという気がします。

まずやってから考える

仏教に「聞思修《もんししゅう》」という言葉があるのをご存じでしょうか？

皆さんの仕事でも、あるセオリー学んで（＝聞）、なぜこうなっているのか自分で消化して（＝思）、じゃあ自分でやってみよう（＝修）となるのが普通かもしれませんが、私は順番が逆だと思うんです。「修思聞」という気がするんですね。

つまり、「とりあえずやれ」から入って、その後に「なんでこんなことやっているんだろう？」と思って、それを「もう少し突き詰めていこう」とする。たとえば、子供が自転車の乗り方を覚えるのに、ＤＶＤを見て覚えようとはしないですよね。「とりあえずやってみい」から入るでしょう。

私は無分別智の本質は、ジャスト・エンジョイ（ただ楽しめ）だと思っているんです。たとえば、ビジネスの世界でも、無分別智＝ジャスト・エンジョイが感覚的にわかっている人というのは、仕事とプライベートを分けたりせず、すべてがライフワーク、「そういう生き方しかできません」という感じだと思うんです。

経験をどう処理するか？

別の言い方をすれば、何に対しても「おもろい」と思えるか。以前、京都大のシンポジウムで学生から、「大学の授業はつまらないし、社会に出て何の役に立つかわからない。アルバイトなどで社会勉強したほうがよっぽど将来のためになると思いますが、どうでしょうか?」と質問があって、学生時代の私の話をしたんです。

当時、月曜の1時限に「応用キノコ概論」という授業があって。最初はそのタイトルに惹かれて200人くらい集まってきましたが、概論と言いながらあまりに難しくて、次の回から2の2乗ずつ減っていき、最後は3人になってしまって（笑）。

自分が来なくなったらゼロになるという脅迫感に駆られて最後まで受けましたが、いま頭に残っているのは、「ナスとキノコを一緒に炊いたら毒が消えるというのは単なる迷信である」ということと、「ダイオキシンのような猛毒の物質を分解するキノコがある」という二つだけ。

まさにいったい何の役に立ったのかという話ですが、でも、その授業を受けていなかったら、いまこの話はできていないですよね？　何の役に立つか誰もわからない、だから無意味ではなく、そうしたものを社会人生活でどう処理するかは、その人の力量だと思うんです。

「おもろい」がグローバルの基本

二元論的な視野でとらえると、「これは使えない、これは使える」という判断になってきますが、無分別智的な感覚では、「何でもおもろくしてやろう」となると思うんですね。何でもやってみて、あとでリソースとして活用する。問われてくるのは、ものの見方や感じ方だと思うんです。

少し前に、京都大の総長で、ゴリラの研究で知られる山際寿一先生が、『京大式おもろい勉強法』という本を出されたんですが、扉に「グローバルな人材とは、みんなに『おもろいやん』と言わせる人だ」と書いてあったんです。自分だけがおもろいのではなく、まわりも含めて「おもろいな、アホやな」って言われるのがグローバルであり、イキイキと生きられるということなのでしょう。

まさにジャスト・エンジョイ。無分別智についてのお話が、最後に「おもろい」になってしまったのはどうかと思いますが（笑）、本質はこのあたりにあるのかもしれません。鈴木大拙の『日本的霊性』を解くのは難題でしたが、こんな解釈が少しでもヒントになればと思います。

松山大耕　DAIKO MATSUYAMA

1978年、京都市生まれ。2003年、東京大学大学院農学生命科学研究科修了。2007年より退蔵院副住職。2008年、退蔵院にてG8サミットシェルパ会議一行を受け入れるなど日本文化の発信・交流が評価され、政府観光庁 Visit Japan 大使に任命。2011年、ヴァチカンにて前ローマ教皇に謁見。2014年には日本の若手宗教家を代表してダライ・ラマ14世と会談し、世界経済フォーラム年次総会（ダボス会議）に出席した。著書に『ビジネスZEN入門』（講談社）、『大事なことから忘れなさい』（世界文化社）などがある。
http://www.taizoin.com

ホワッツ ジャパニーズ・スピリット レイセイ？

ハンカチーフ・ブックス編集長 長沼敬憲

鈴木大拙、マインドフルネス、そして…

霊性のことをずっとやりたいと思っていて、ようやく一つの形になったのが、2017年7月2日、葉山で開催された藤田一照さんと松山大耕さんのトークライブでした。

京都から大耕さんを招いて、一照さんの茅山荘で、鈴木大拙の『日本的霊性』について語り合う。手前味噌ですが、意義のある、なかなか面白いイベントになりました。

取材後記

なぜ霊性なのか？　その根底にあるのは、見えないものを心という言葉だけで語ろうとするあやうさ、です。

折しも鈴木大拙という、日本の禅を世界に広めたパイオニアが本格渡米したのが１８９７年。

１２０年経ったいま、同じように世界を股にかけて活動されている松山大耕さんとご縁ができ、何度か京都の妙心寺で打ち合わせをしていくなかで、同じ趣旨のことを話しました。

せっかくの巡り合わせですから、霊性をテーマにやってみませんか？と。

霊性は、内田樹さんと釈徹宗さんが『現代霊性論』を書き、若松英輔さんが『霊性の哲学』を書いたあたりで、論壇ベースではキーワード的に出してもいい空気が出てきたのを感じていました。

また、マインドフルネスが注目を集めるようになった流れも、そのさらに先、鈴木大拙のいる場所へ踏み込んでいく契機を与えてくれたような気がします。

そんなふうに世の中の受け入れ態勢（？）が生まれてきたのを勝手に感じ、僕自身、『日本的霊性』と大耕さん、一照さんをつなげたい気持ちが湧いてきたのです。

ただ、霊性は翻訳すればスピリチュアリティー（spirituality）。だから、無防備に使ってしまうといわゆる精神世界の分野に色づけされてしまう。

スピ系がダメということではなく、僕のやりたいことをイメージした時、「この言葉をもっと広い場所に出したい」という思いがありました。

こんな構想を練っているさなか、大耕さんの高校の先輩で、スカイマークの会長をされている佐山展生さんともご縁をいただく機会を得ました。

企業再生に取り組む佐山さんのようなリアリズムの最前線にいる方に、禅のリアリズム＝霊性をきちんと言葉として届け、創発的なコミュニケーションが起こること、それが一つの想定目標のように変わっていきました。

僕は本づくりを通じて、一つの分野で通じている言葉が、それよりも一つ大きなレイヤーではまったく通じないこと、そこでは「もっとわかりやすく」「もっとロジカルに」言語化することが求められることを、繰り返し経験してきました。換骨奪胎にならないよう、「わかりやすい言葉」を武器に、著者の先生を専門分野の外に引きずり出すのです。

明晰な論理思考、語学力をもって活躍される大耕さんは、もともと仏教界の外にある、より広いレイヤーで話す機会が多かったはずですが、最初にこのやり取りをした際、「日本的霊性は荷が重い」と苦笑されました。

霊性は確かに手強い。生命学者が生命について容易に語り得ないように、仏教者が霊性を語るのは、骨が折れるリクエストだったかもしれません。でも、今回の出会いを通じて、イベントをして、記事をま

取材後記

とめ、その入口には立てたような気がしています。

一照さんと大耕さんの葉山でのイベントのあと、7月20日にはニューヨーク大の同窓会の企画でお二人と佐山さんが出会い、鼎談イベントが開かれました。そして、この雑誌が刊行される直後、11月2日には日本橋で、佐山さんと大耕さんのトークイベントを企画しています。

この一年、霊性をめぐって、いまをときめく二人のお坊さん、そして企業経営者を引っ張り出し、心地の良い真剣勝負ができている気がします。

Japanese spirituality “REISEI”

僕はこの言葉が世界に発信され、あわよくば『武士道』や『菊と刀』みたいな形で伝えられること、逆輸入でもなんでもいいので、日本人の霊性がもうちょっと目覚めるきっかけにつながること、それをひそやかに願っています。

Interview 4

腸という「小宇宙」を旅して

上野川修一（食品免疫学者）

近年、腸にまつわる研究が世界的に注目を集めるなか、その重要なキーとして腸内細菌の生態、ヒトの健康との関わりなどが徐々に解明されてきています。

ヒトは食べることでエネルギーを得て、生命活動を営んでいますが、それは単独で成り立っているわけではなく、その背後には腸内細菌をはじめとする目に見えない微生物との協力関係、すなわち「共生」があります。

共生とはわたしとあなた、自己と非自己のコミュニケーション、この世界を一つの生態系として捉えた場合、腸もまたこうしたコミュニケーション空間の一部、いわばこの世界の縮図であることが見えてきます。

「TISSUE」では、腸内細菌研究のパイオニアで、「善玉菌」「悪玉菌」の名付け親である光岡知足《みつおかともたり》さん（理化学研究所名誉研究員）の足跡をたどり、氏の提唱する生き方の哲学、発想についで紹介してきました。

今回はその特別編として、光岡さんとも親交のある、食品免疫学者の上野川修一《かみのがわしゅういち》さん（東京大学名誉教授）に登場いただき、腸という小宇宙の実態、そして大きく進展する腸内細菌研究のいまについて伺いました。


長沼敬憲（ハンカチーフ・ブックス編集長）

腸はスケールの大きな共生空間

――最近話題になることの多い腸内細菌や腸内フローラについて、いま科学的にどこまでわかっているのか？　お話を聴かせてください。

上野川　ここに来て急激に関心が上がっているように思いますね。6〜7年前から「ネイチャー」「サイエンス」など、広く読まれている科学誌に腸内細菌に関する論文がかなり増えていますから。

――これまでにないような状況？

上野川　そうですね。腸内細菌の研究は、わが国では光岡知足先生を中心に、いわゆる嫌気性培養法を用いることで大きな成果をあげてきました。

その後、腸内細菌の遺伝子解析から腸内フローラの特徴を知る方法（メタゲノム解析）が開発され、従来の成果と併せて多くのデータが蓄積されるようになりました。その結果、この分野に興味を持ち、重要性を感じる研究者が多くなってきたということでしょう。

――そうしたなか、先生が注目されているのはどのあたりの領域でしょうか？

上野川　腸内細菌との共生、その延長にある免疫や食についてですね。

――テーマというかキーワードが？

上野川　はい。たとえば、地球がまだ（酸素がとても少ない）嫌気状態だった頃に微生物が生まれ、光合成をする微生物が繁殖することで酸素が発生して、好気的な環境下になったわけですよね。そこでも生き残って……。

――そうですね。酸化のダメージを乗り越え、さらに進化して……。

上野川　一方、そうした中でも嫌気的な状態を保ち、人の腸内に棲む場所を見つけた微生物もいます。一般的には、それが腸内細菌と呼ばれているわけです。

哺乳類の腸には、体の中で最大の免疫系がありますよね？　免疫は病原性のある菌が棲むのを阻もうとするわけですが、有益な腸内細菌は排除されずに棲みついて、宿主から食を得ることで生存する。宿主である哺乳類はそれを許して排除しないという……。

大腸と小腸の役割の違い

――有益な菌を排除しないのは、「免疫寛容」と呼ばれていますね。通常は免疫が排除するはずが、大腸には有害な菌も存在していています。免疫はどういうふうに見分けていているんでしょうか？

上野川　まず、胃では胃酸が分泌されますから、酸に弱い病原菌はそれで殺されてしまいます。そこで生き残った菌は小腸に運ばれていきますが、小腸には上皮細胞にあるパイエル板と呼ばれる免疫器官を中心に、しっかりとした免疫系が備わっているわけです。

また、そうした有害な菌を排除する仕組みとともに、必要なものを取り入れ、消化吸収する代謝の働きもあります。

免疫と代謝、両方を併せ持っている小腸は非常に重要な器官だとわかりますが、では、（腸内細菌の棲んでいる）大腸は何なんだということですよね？

――小腸と大腸の役割の違いですね。

上野川　一般的には、小腸で吸収しなかった水やその他の成分の吸収をする役割があります。その残りカスが便として排泄されるわけですね。こうした働きがあると同時に、大腸には酸素がほとんどありませんから、嫌気性細菌にとっては最高の住処で、小腸よりもとんでもなく多い数の微生物を抱えています。

――ざっと百兆もの菌が棲み着いていると言われていますね。

上野川　大腸には粘液を作る杯細胞が豊富で、しっかりとした粘液層があり、この層も菌のよい住処になっています。まだ十分にわかっていませんが、大腸がとてつもないスケールの共生空間であることは間違いありません。

腸内細菌も免疫システムの一部？

――小腸の免疫系だと、いわゆる免疫細胞（抗原提示細胞、T細胞、B細胞など白血球の仲間）によって、異物を捕える抗体がつくられますよね。

上野川　ええ。抗体には様々な種類がありますが、腸のなかでは特にIgA抗体が作られています。

――そうした免疫系は、大腸のほうにどう関わっているんでしょうか？

上野川　菌が体の中に入ってきて、小腸で作られたIgA抗体で対処できたとしても、そこから生き残ったものが大腸に入ってくるわけです。

大腸では、いろいろな菌が共生して生態系をつくっていますから、入ってきた病原菌を優勢な有益菌が容易に増殖させない面があると思うんですね。

それと小腸で作られたIgAが大腸に運ばれる仕組みがあり、病原菌を抑えてくれます。さらに、食べ物のカスである食物繊維を腸内細菌が分解して、酪酸や乳酸を出すことで腸内のpH《ピーエッチ》は酸性になります。こうした食べ物との関わりによって、結果的に病原菌の増殖を抑える働きもあると考えられています。

――だとすれば、腸内細菌も免疫の役割を担っていると言えますね?

上野川　ああ、確かにそうかもしれませんね。実際、抗生物質で腸内細菌を除くと、腸の働きが低下することが知られていま す。腸内細菌はただ腸に棲んでいるだけでなく、宿主側にも様々な良い影響を与えていると考えられます。

――宿主と菌、両者の間で取り引きが成り立っている?

上野川　ええ。共生の本質が何かということについて、これからいろいろと研究が進んでいくと思いますよ。共生の仕組みがわからないと、共生が崩壊、破綻することで病気が起こるという体の仕組みもわからないからです。

私たちの体は、共生によって恒常性(ホメオスタシス)を保っており、健康が維持されています。生活習慣の乱れ、ストレスなどが重なることで「共生↓恒常性」が破綻してくると、腸内に限らず、生体の様々な機能に悪い影響を与えてしまうことになるのです。

腸内細菌のための食事？

――腸内フローラの状態が健康や病気と相関関係があると考えられているのは、それゆえですね。

上野川　ええ。「どの菌が体にどう影響するか？」ということまではなかなか言えないと思いますが、一人ひとりの腸内フローラを「こんな環境で生活している人はこんな腸内細菌叢をしている」といった視点で調べている研究が多くあり、興味深い報告がされています。

――人によって傾向が違っても何かしら共通点があると。

上野川　僕の場合、これまで食の機能、免疫の機能の研究をしてきました。そういった立場から、これからは我々が生命を維持するために摂っている食、腸内細菌群の摂っている食の両面を考えることが大事だと思っています。

食は生命《いのち》ですから、「健康を得るには腸内細菌が何を食べると我々と共利共生の状態が保てるのか？」という視点が非常に重要になってくるでしょう。

――普通は食べるというと「自分」のためだけしか考えないですよね。

上野川　ええ。要するに、腸内細菌のためにも食べてあげないといけない時代になってきたということです。

脊椎動物の腸の進化をたどる

――そこで質問なのですが、小腸の免疫が活性化した状態と大腸の腸内フローラが調和した状態、そこにはどんな相関関係があるのでしょうか？

上野川　「腸は第２の脳」と呼ばれているように、とても複雑で精巧にできていますが、そこには腸内細菌の働きも関係しているでしょう。そう考えたら、複雑なシステムという点で、「第２の脳」どころじゃないかもしれません。大前提として、そうした認識が必要ですね。

――本当に大げさではなく、ここに宇宙があるくらいの感じ？

上野川　僕自身、いつも「腸は宇宙だ」って言ってきました。あるテレビ番組（ＮＨＫ『爆笑問題のニッポンの教養』）で腸と腸内細菌の話をしましたが、その時にもそう言いましたね。

――言い得て妙と言うか、まさにその通りだと？

上野川　そう思いますよ。腸という器官を、宇宙というういろいろなものが詰まった広い空間としてたとえているわけですが。

――なるほど。そこで、大腸の話に戻るわ

けですが、小腸はいわゆる宿主のための器官ですが、大腸はどちらかと言うと腸内細菌のための……。

上野川　人間のためでもあるけれども、腸内細菌のための場所でもあるということですね。この関わりを知るには、動物の腸の進化の歴史をたどらなければならないと思い、4年ほど前に『からだの中の外界 腸のふしぎ』（講談社ブルーバックス）という本のなかで書きました。

——拝読していますが、とても面白い本だと思いました。

上野川　そう言っていただけると嬉しいですが、でも、自分の勉強のために書いたんですよ。「食とは何か？」ということを生物学的視点から書きたいという思いもありましてね。

消化が先か、免疫が先か

——生物学的な視点というのは？

上野川　「腸は何のためにあるのか？」というと、基本的には食をとるためにあるわけです。では、食の根源を考えるにはどうすればいいかというと、腸の進化の過程を考えることが必要になってくる。

ですから、同じ論理で腸内細菌とは何かを考えた場合、腸内細菌が共生するよ

動物の進化と消化管の変化

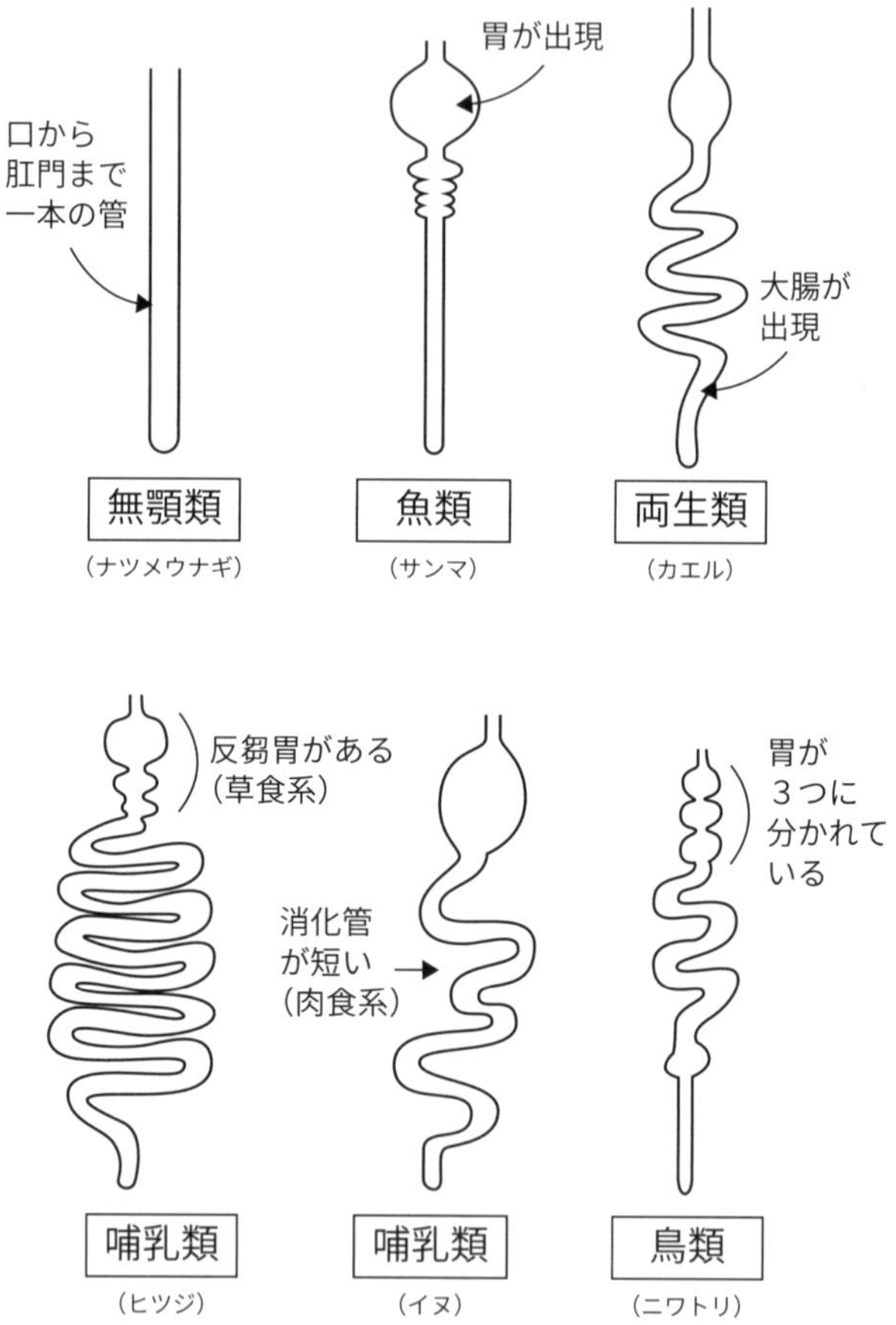

※上野川修一『からだの中の外界　腸のふしぎ』（講談社）をもとに作成。

うになった起源や進化の過程から考えないとわからない、という立場に最近はなってきているんです。

――本の冒頭で、そのあたりを丁寧に言及されていますね。消化の仕組みとかすごく面白かったです。脊椎動物でも全部違うのかと驚かされました。

上野川　そういう視点からだと、(同じ腸でも) 大腸と小腸は違うものだと言えるかもしれません。大腸が形成されるようになるのは、生物が上陸してからだと考えられているんです。

――両生類からでよろしいでしょうか?

上野川　ええ。まず、海の中で生命が生まれたと言われていますね。脊椎動物の場合も、たとえば水の中で魚類が生まれ、両生類が陸へ上がってくるわけでしょう? その過程で免疫的な働きがどう変わっていったのか? 腸内細菌との共生はどのように成立したのか? そもそも、大腸とはいったい何なのか?

――そうですね。大腸という器官は進化の途中から形成されて、そこに腸内細菌が棲むようになって。

上野川　先ほどもお話ししましたが、最初は (嫌気性細菌の) 単なる逃げ場だったとも言われています。両生類以下の大腸のない動物にも特徴のある腸内細菌が棲んでいますから、まだわからないことも多いですが……。

――免疫自体はもっと前からできていたわけですよね。食が始まった段階で免疫ができていないとまずいでしょうから、生命の誕生とかなり重なり合っているのではと感じます。

上野川　消化吸収が先なのか、免疫が先なのか、そのあたりはハッキリとわかりませんが、たとえば、アメーバのような単細胞生物は、食細胞のように細菌も食べて、栄養も取り入れるわけです。両方の役割をしていたんですね。

腸内細菌と免疫のつながり

――初期の段階では消化と免疫が混然一体となったような形だったのが、だんだんと明確になってきた感じでしょうか？ただ、大腸の機能が確立したのはもう少し後であるということですね。

上野川　ひとつのイメージになりますが、嫌気性の大腸に外部の菌が棲みついたとしましょう。たとえば、赤ちゃんが生まれた時の腸は無菌状態で、そこに腸内細菌が入ってくるわけですね。

――光岡知足先生の研究だと、最初に侵入した好気性の大腸菌が酸素を消費するこ

腸内細菌の仲間

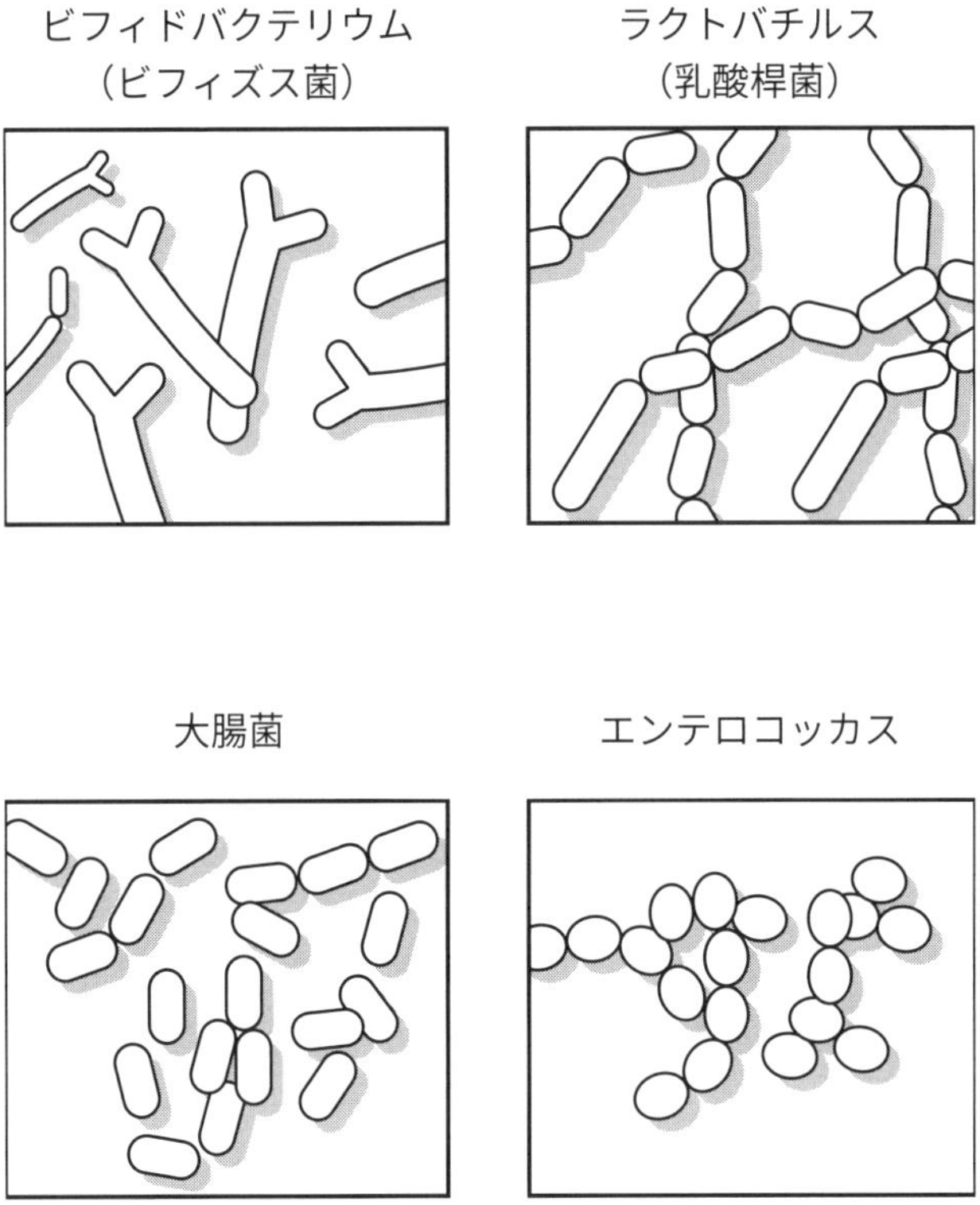

腸内には様々な種類の菌がそれぞれコロニーを形成しながら共生し、宿主の食べた栄養をエサにしながら活動を続けています。人にとってとりわけ有益なのが（広義の）乳酸菌で、ビフィズス菌と乳酸桿菌が知られます。

とで腸内が嫌気性になり、そのあとに乳酸菌の仲間であるビフィズス菌の繁殖が始まると伺っています。

上野川　そうだと思います。

――ビフィズス菌が繁殖して、乳酸や酢酸を分泌することで腸内が酸性の環境下になり、有害な菌が排除される。それが宿主の健康につながるため、光岡先生はビフィズス菌など乳酸菌の仲間を善玉菌と呼んでいます。

上野川　そうやって菌たちは自ら生き残っている。具体的には、食べ物を分解してエネルギーに変えていくわけですが、その中には人間にとってあまり消化できないものも含まれているわけです。

――食物繊維も分解してしまうんですよね？　昔はオリゴ糖だけが注目されていましたが、難消化の食物繊維も大腸では腸内細菌が分解して、酪酸などの短鎖脂肪酸に変わると言われています。

上野川　そうですね。最近の研究で、宿主側にこうした短鎖脂肪酸を受け取るレセプターがあることが知られるようになりました。さらに菌体成分も宿主側のレセプターに反応すると言われています。

――短鎖脂肪酸が、宿主側の細胞にあるレセプターと反応する？

上野川　ええ。菌体成分については、審良《あきら》静男《しずお》先生（大阪大学免疫学フロンティア研究センター拠点長）がその働きを明らかにされた自然免疫のトル様受容体（TLR）と相互作用すると言われています。そうした情報によって、宿主はその細胞の性質を知るとされています。

排除だけが免疫ではない

――腸に運ばれてくる異物の種類によって、TLRがパターン認識していたということですよね。

上野川　そういうことです。いろいろなレセプターが発見されたことによって、腸と腸内細菌の相互作用、つまり、共生の仕組みがより詳細なレベルでわかってきました。要するに、腸内細菌と生体側が歩み寄って、それぞれの生存を支えているわけでしょう？

――それが共生ということですよね。

上野川　最近でも、クロストリジウムのような菌が制御性T細胞を誘導して炎症を抑えることがわかってきました。（研究が進むことで）こうした関係性が徐々に明らかになっていくでしょうね。

――小腸の自然免疫が細胞レベルでの選り分けをして、そこで許容されたものが大腸に運ばれていく感じ？

上野川　そのあたりは十分に明らかとは言えないと思いますが、免疫系は排除するだけじゃなく受け入れる仕組みもあるということでしょう。

免疫の判断基準はどこに？

――そもそも腸内細菌は外部にいた生き物だったわけですから。

上野川　そうです。免疫系にとっては、最初はすべての物質が異物です。オーストラリアのＦ・Ｍ・バーネットの唱えた学説があるのですが、それによると生まれてきた時に、すべての異物に反応する抗体をつくる細胞が揃っていると。

ただ、自分の体をつくっている成分は、最初に自分の体の中でつくられるため、自分の体と反応する細胞はアポトーシスを起こして死んでしまう。だから、我々の体の中では自己に反応するものがなくなってしまうというんです。

――なるほど。だから、自分以外の異物に反応するものだけが残って、増えていくわけですね。

上野川　バーネットは、それを証明してノーベル賞をもらっています。ですから、食べ物でもなんでも基本的にはすべてのものに免疫が反応するんですが、実際は反応する場合もあるし、しない場合もある。「なぜそんなことが起きるか?」というところで、ポーリー・マッチンジャーという研究者が唱えた「デンジャーセオリー」と呼ばれる説があります。

――はい、聞いたことがあります。

上野川　デンジャーセオリーというのは、免疫系には単純に自己と非自己を見分ける以外にも、自分とってデンジャラスなものとセーフティーなものを見分ける仕組みがあると。

――それは免疫寛容の仕組みを含んでいますよね?

上野川　まあ、「悪い」というのをどこで見分けているのかまだ十分にわからないですが(笑)、病原細菌は反応するけれども腸内細菌はやっつけない、それはデンジャラス(危険)ではないからという意味で考えればいいと思います。

食物アレルギーから腸内細菌研究へ

――危険ではないという判断で寛容性が生じると。

上野川　ええ。これに関連して、僕はオーラルトレランスの研究をずっとしていたんですが……。たとえば、体に抗原を入るとこれに対する抗体ができます。ところが、初めにこれを経口的に食べさせておくと抗体産生が起こらないんですね。経口免疫寛容とも呼ばれています。

――ああ、経口免疫寛容。

上野川　そうです。30年くらい前からその仕組みを研究していました。

――アレルギーの治療として、いまではずいぶんと広がっていますよね？

上野川　広がりましたね。特に臨床的研究が行われるようになりました。

――先生の場合、免疫学であってもまず食ありき、なんですね。オーラルトレランスもその一環であると。

上野川　ええ。ですから、アレルギーでも食物アレルギーに興味を持ってその研究をずっとやっていました。

――ご研究のそもそものきっかけは？

上野川　大学でミルクタンパク質の構造について研究を始め、大学院の時にミルク・アレルギーの研究を始めました。研究対象になったのは、ミルク・アレルギーの原因タンパク質の構造です。

これは、アレルギーを起こす特定の構造があるか、という研究です。ミルクはタンパク源としては良質ですが、それがなぜアレルゲンになってしまうのかということがテーマでしたね。

通常はタンパク質を含んだ食物を摂取

してもアレルギーを起こすわけではなく、逆に抑える機構があり、これがオーラルトレランス（経口免疫寛容）と呼ばれているわけです。

――研究が食品とアレルギー抑制の関係に移っていったわけですね。

上野川　たとえば、ある食べ物をとるとそのなかのタンパク質に対してだけ免疫応答がなくなる、それがオーラルトレランスなのですが、こんなことがなぜ起こるのか？　研究を始め、検証していきました。その過程で、オーラルトレランスとは食品中のタンパク質に対するアレルギーを防ぐ仕組みと考えました。簡単に言えば、このトレランスが破られるとアレルギーになるわけですね。

未知の分野を切り拓く

――腸内細菌について研究を始めたのは、その後ですか？

上野川　ええ。特に免疫と腸内細菌の関係に興味を持ちました。また、有益な菌（プロバイオティクス）と免疫の関係に興味を持ち、食物アレルギーをプロバイオティクスで抑えられるかについても研究してきました。

――栄養との関連もあり、腸内環境に関心

が向かった？

上野川　そうですね。光岡先生とは、機能性食品について取り組んでおられた時からのご縁です。当時、私は機能性食品のワーキンググループの若いメンバーでしたが、当時は腸内細菌やプロバイオティクスについて未知のことが多い時代でした。それが、光岡先生は新しい仮説を立てて、次々と実証していったわけです。

——すごいですね。どうしてわかったんでしょうか？

上野川　いやあ、それは光岡先生にお聞きしたいところです。僕の場合、腸内細菌の研究はプロバイオティクスから始まり、それと同時に腸内細菌自体の研究も始まって、のちに腸管の細胞との相互作用の研究につながっていきました。

それまでタンパク質のアレルゲンの研究をしていましたが、それが生体側のアレルゲンと反応する細胞の研究へ移っていったんです。タンパクのアレルゲン、オーラルトレランス、腸内細菌と、いずれも細胞を使った研究です。

これらはすべて多くの若い研究者との共同で行われたもので、どれも彼らの協力があって進められ、様々な事実が明らかになりました。

共生なしには生きられない

――ところで、母乳というのは腸内細菌にとっても必要な栄養なんですよね。私たちは生まれた頃から菌と栄養を分け合ってきた、まさに共生することが生きる土台だったという……。

上野川　腸内細菌と食べ物の関係について調べていくと、炭水化物やタンパク質、脂肪の種類や量によって、ヒトの腸内細菌叢が変わってくるわけです。それが健康状態に関わってくるわけですから、病気になる前に腸内細菌との共生をしっかりしなさいということだと思うんです。

――そこは本当に光岡先生のおっしゃっている点からベースは変わっていないんですね？　緻密になってきているだけで。

上野川　変わってないですね。光岡先生の洞察力は、本当に素晴らしいものです。

光岡先生は日本ビフィズス菌センターの理事長をされていたのですが、その後任を10年間つとめさせていただきました。その最後の5年間だったと思います、腸内細菌の研究が世界的なブームのようになったのは。

――その意味でも、やっぱり「共生」が生命科学、生物学分野のキーワードになってきそうですね。

上野川　個人的にはそう思っています。生命は共生していないと単独では生きられませんからね。だって、我々は何を食べているんですか？　我々と植物は共生しているわけでしょう？　人間どうしも共生です。そういう意味ではこの世界のほとんどが共生、ネットワークですよ。

――肉眼では見えない世界も含めてのネットワークの調和のような……。

上野川　その中のすべてを研究するのは大変だから、腸内での宿主と腸内細菌の共生は、食も絡んでくるからやはり根本的なものだろうと、そういうことで研究が進んでいるわけですね。

大事なのは「共生者への心遣い」

――自分のためだけで成り立っていない生き物どうしの関係性の中で、他者とどう調和すればいいか……。

上野川　そうです。それが共生ですから、無益な戦いなんてやっちゃいけないという話になってくるんですけどね。

――お腹の中でも戦いはないほうがいいってことですよね。

上野川　そうですね。仲のいい腸内細菌を我々の中に生かしておくことが、やはり重要だろうと思います。

――先生は「ヒトは何を食べたらいいか」

という指標のようなものをイメージされているのでしょうか？

上野川　いまの食についての研究を基盤にして、「我々にとっての理想的な食のメニュー」ができたらいいなと思いますが、非常に複雑で難しい問題ですね。

一つ言えるのは、これまで述べてきたように、腸内細菌にとって良いかどうかも考えなければならないということです。

自分だけでなく、腸内細菌の面倒も十分に見てあげなければいけないわけで、それが共生者への心遣いというものでしょう。食と生命は、人類に残された最大の解明されるべき課題の一つですから、興味は尽きないですね。

――最近では、腸とメンタルの関わりもよく取り上げられていますね？　そこにはストレスも入ってくるように、食べ物との関係だけではなく、食べている時の状況なども影響しませんか？

上野川　ええ。たとえば、脳がストレスを感知すると副腎皮質からホルモンが出て、それが免疫系に作用することはありますね。それが神経系に作用すると、当然、腸は影響を受けますから。

――そのあたりが「脳腸相関」ということでしょうか？

上野川　そういうことですね。

――脳の反応は腸のぜん動運動も含めてかなり関係していると?

上野川　腸脳相関の話が出る以前は、自律神経系によって心臓も腸も自ら動いているから、脳の働きはあまり関係がないと言われていた時代がありましたが、過敏性腸症候群（ＩＢＳ）のように頭でネガティブなことを考えていると下痢なったり……それは経験的にわかりますよね?

――思っているよりもこっち（腸）が主体の場合もありえませんか?

上野川　最近では、腸から脳に影響を与えているということも考えられるようになりました。腸は必要な時は自分で24時間動かないといけない。自律神経系は全部そうなっていますから、腸も原則としては自力で動き続けます。ただ、強いストレスがあった場合にそうした働きがおかしくなってしまう……基本的にはそんな感じでしょう。特にいまは、腸内細菌が脳に影響を与えることが明らかになりつつあります。世界中でいろいろな人が研究していますから、今後多くのことがわかってくると思います。

――話がつきませんが、今回はこんなところにしたいと思います。長時間、ありがとうございました。

上野川　ありがとうございました。

上野川修一　Shuichi Kaminogawa

1942年、東京都出身。東京大学名誉教授。農学博士。東京大学農学部農芸化学科卒業。同大助手、助教授を経て、2003年まで東京大学大学院農学生命科学研究科教授。2012年まで日本大学生物資源科学科教授。食品アレルギーや腸管免疫のしくみ、腸内細菌のからだへの影響などの研究に従事。日本農芸化学会会長、内閣府食品安全委員会専門委員会座長、日本ビフィズス菌センター（腸内細菌学会）理事長を歴任。現在、日本食品免疫学会会長。紫綬褒章、国際酪農連盟賞、日本農芸化学会賞等を受賞。著書に、『からだの中の外界　腸のふしぎ』（講談社ブルーバックス）、『免疫と腸内細菌』（平凡社）、『からだと免疫のしくみ』（日本実業出版社）など多数。食アレルギー、腸管免疫、腸内細菌などに関する研究論文多数。

おぼろげで、あいまいで、ふわふわ……？
共生の世界は、だから面白い。

ハンカチーフ・ブックス編集長　長沼敬憲

食べものが「わたし」になるプロセス

上野川先生のことは、腸内細菌とか、免疫とか、アレルギーとか、そのあたりのことを勉強していたら、知らないとマズいというか……僕にとっては尊敬すべき研究者の一人。

インタビューでも登場したブルーバックスの『からだの中の外界　腸のふしぎ』がとても面白くて、

取材後記

いつかお会いする機会があればと思っていたある時、お世話になっている光岡知足先生から上野川先生のお名前が出てきて……。

最初は、書籍のなかで使う腸内細菌の写真をお借りするとか、そういう形でコンタクトをとり、そのうちお会いしてお話を伺い、ごはんをご馳走になり……ゆっくりした流れで、今回のインタビューまでたどりつくことができました。

少し整理しておくと、いまや世界的な注目を集める腸内細菌研究のパイオニアにあたるのが、理化学研究所におられた光岡先生。

腸内細菌の働きも、種類も、腸のなかでの役割も、ほぼ何もわかっていなかった1950年代に研究に着手し、菌の培養法、分類法、そこから導き出される食事や健康の話までを体系づけ、「腸内細菌学」という一つの学問分野を樹立されたことが、この分野のいしずえになりました。

上野川先生は、その光岡先生の直系の弟子……というわけではなく、食べ物と腸の関係に着目するなかで菌たちの役割を知り、光岡先生のところにふわりと着地されました。

「光岡先生は細菌学者ですが、僕は食品学者ですから、分野が違うんですよ」。

なるほど、と思ったのを思い出します。

本来、食べ物と免疫の話は切っても切れないわけですが、科学に興味のない人はもしかしたらあまりピンと来てないかもしれません。

それはちょっと哲学めいた話で……わかりやすく言えば、自分の外部にあるものは体にとってすべて異物ですよね。

おなじ元素でできていながら、それはわたしではない存在、だから、自己（わたし）に対して非自己という言葉が使われます。

ただ、取り込まれて体の一部に変わる食べ物は、自己として扱われます。別の生き物だった食べ物がわたしに変わるわけです。

一方、取り込まれても体の一部にはならず、体に住み着くことで害をなす、細菌やウイルスのような存在は非自己と呼ばれ、免疫はこの非自己を攻撃し、排除することになっています。

わたしにはならず、むしろわたしを攻撃すらする存在、であるわけですが、たとえば食べ物にもアレルギーを起こすものがあるし、腸内細菌のようにお腹に共生してしまう異物もいる。

腸内細菌はわたしではありませんが、まるでわたしの一部のように共生し、僕たちの生命に多大な影響を及ぼしていることを考えていくと、何をもって「わたし」というのか、その輪郭は、結局、おぼろげになってしまいます。

わたしという存在がたくさんの他者との共生で成り立っている以上、このおぼろげな感じは、不安より安心を与えてくれる気がします。

何か不思議な力によって無数の元素が結びつい

て、自分のことを自分だと感じる意識が生まれますが、その意識はおぼろげな空気を愛し、それが世界だと知っています。

外部とのコミュニケーション不良が起こり、体のなかで自己の境界が揺らいだとしても、それが病気や死という形で大きく崩れるまでには、一定の猶予が与えられています。

だから、揺らぎ崩れることで生まれる不安は、哲学する心の入口になったりもします。

上野川先生とお話しするなかで味わったのは、こうしたどうしようもない曖昧さを真面目に言語化する楽しさだったのかな?

取材後記ということであまりサイエンスに寄らず、ちょっとおおざっぱで、ふわふわした表現になってしまった点、お許しください。

共生の哲学、少し発酵させられました。

Interview 5

世界を旅し、自己に覚醒する

井島健至（カメラマン）

世界を旅しながら、目の前に広がる景色とその背後にある神話世界を重ね合わせ、多くの作品を撮りつづけてきたカメラマンの井島健至さん。

２０１６年５月。これまで国内外の様々な国や地域を訪れてきた井島さんが向かった場所、それがスペインのサンティアゴ巡礼道でした。

聖ヤコブの遺骸が眠るというコンポステーラ（サンティアゴ・デ・コンポステーラ）へと向かう道は、ヨーロッパの各地から枝葉のように伸び、この数千年来、内なる神との邂逅を求める多くの人が歩き続けてきました。

人はなぜ旅をするのか？　なぜ歩くのか？　２０１７年１月、逗子の「シネマアミーゴ」という小さな映画館に井島さんを招き、旅のスライドをたどりながらお話を聞きました。

羽黒修験道、中沢新一、ヴィパッサナー瞑想、南方熊楠……さまざまなエッセンスが重なり合った旅の体験は、アルケミストへの道そのもの。

内なる世界と外なる世界をつなげる、覚醒への旅路をお伝えしていきます。


長沼敬憲（ハンカチーフ・ブックス編集長）

ヴィパッサナーからサンティアゴへ

――まず、カメラマンになろうとしたきっかけからお聞かせいただけませんか。

井島　大学は写真と関係のない学部だったんですが、カメラマンの星野道夫さんの作品と出会って、神話と写真の世界のつながりを知って。その後、大学を中退してニューヨークで3年ほど学んだのち、2002年に独立しました。

――独立して以降、どんなテーマで?

井島　2005年頃から、作品のテーマとして日本の神話と周辺の風景を撮り続けることがライフワークになっています。当時、仲間と一緒に創刊した「Soul switch」という雑誌のテーマが、「世界は音でできている」だったのですが、ここからスタートし、プロジェクトデザイナーとして活躍している友人の古田秘馬と「Primal Grabity」という写真と音楽のコラボレーションを展開したり、様々な活動を続けてきました。

――女優の鶴田真由さんとも、「古事記」をテーマにした旅の本（『ニッポン西遊記 古事記編』）を作られていますよね。

井島　ええ。取材を通じて、神話の舞台である出雲、熊野、伊勢、高千穂、淡路島などを訪ねました。

――そうした活動の延長にサンティアゴ巡礼があるわけですね。旅のきっかけは?

井島　書籍（『スペインサンティアゴ巡礼の道 聖地をめざす旅』）の企画で、担当の高森玲子さんに誘っていただいたんです。高森さんとは相川七瀬さんの本（『神結び日本の聖地をめぐる旅』）などでご一緒していたので、ぜひにと。

――巡礼では「フランス人の道」（208ページ）を歩いたと聞きました。

井島　はい。約800キロの行程を26日間、毎日朝6~7時から午後2~3時くらいまで、撮影しながら歩きました。高低差によって距離は変わりますが、1日平均で20~25キロほどでしょうか。

じつは2月、別の取材で背骨を圧迫骨折してしまって……リュックを背負って歩けるか心配でしたが、歩いていくにつれてリズムが生まれ、体も慣れ、最後まで気持ちよく歩けたと思います。

――普通に考えたらすごく長い距離ですよね。道中、どんなことを感じながら歩いていたんですか?

井島　この撮影（5月）に行く前年の11月、ヴィパッサナー瞑想（釈迦が体系化し、受け継がれてきた伝統的な瞑想法）を10日間体験したんですが、そこで得た感覚をベースに歩き続けた感じですね。

サンティアゴ巡礼道

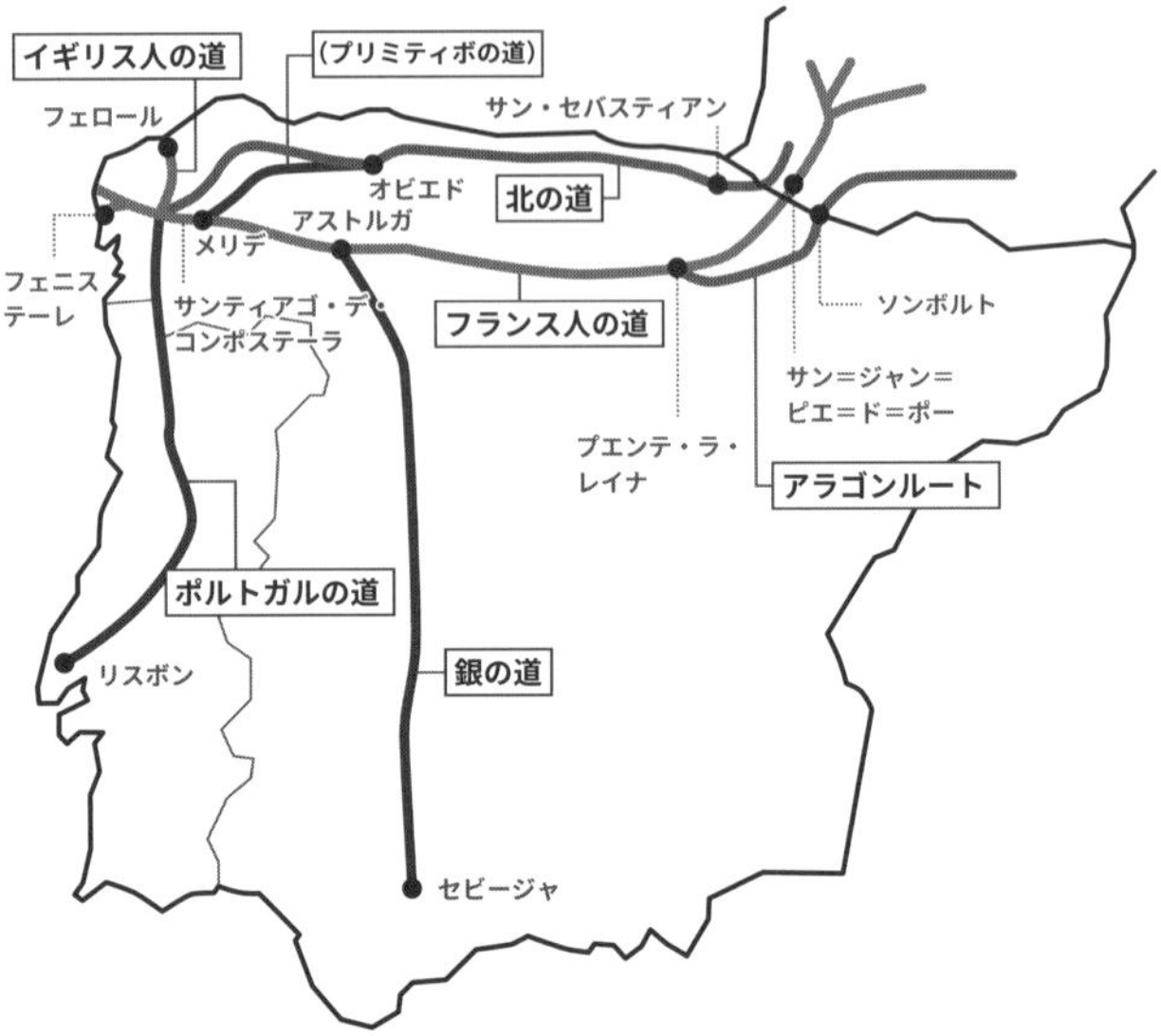

キリスト教の聖地の一つ、聖ヤコブの遺骸が眠るサンティアゴ・デ・コンポステーラ（スペイン・ガリシア州）への巡礼路。

＊『スペインサンティアゴ巡礼の道 聖地をめざす旅』（実業之日本社）をもとに作成。

目を閉じて感じていることと、景色を見ながら、移動しながら感じていることと、形は違いますが同じことが自分の中で続いていた気がしています。

——瞑想と旅を重ね合わせた場合、ただ歩けばいいわけではなく、頭の中にある「考え」から離れ、自然とつながることが大事なのかなと。

井島　ええ。歩きながら何かを考えるというより、歩き続けることで自分の体がどう変わっていくか、それをふまえて自分の思いがどう変わるか……ずっと追いかけていた感じですね。

歩きながら思いをほどく

——ヴィパッサナー瞑想は1日10時間、外部との連絡を断って、ひたすら瞑想するわけですよね？　その体験を通してどう変わりましたか？

井島　歩きながらいろんなものがほどけていくというか、頭の中に付着した思い込みが全部バラバラになり、大切なものが一つひとつ積み上げられていく……そうした作業は、歩くときのほうがやりやすかったですね。

——サンティアゴ巡礼の後、5日間、熊野に行ったと聞きました。熊野とサンティアゴ、違いはありましたか？

井島　熊野には、半年後の12月に撮影で訪れたんですが、違いはありましたね。ヨーロッパの風景も美しいのですが、多様性という点では日本のほうがより感じられた気がします。

　写真を撮ろうとすると、美しさが最初の基準になりやすいのですが、日本の景色にはそうではない要素もいっぱいあって、写真に撮りづらいところがあるんです。その分、多くのものがその場にあるという差を感じました。

――日本人は道というと、実際に歩く道だけでなく、そこに生き方としての道を重ねるところがありますね。

井島　サンティアゴ巡礼の場合、キリスト教がベースですから、まず原罪があって、懺悔があって、コンポステーラに向かう目的には、赦しというものが根底にあると思いますが、日本ではそれとはべつの形で精神性が存在していますよね。

――日本人が歩くと、巡礼の意味も違ってくるかもしれません。

井島　ええ。日本では、禅のように（キリスト教とは）違った形で、心の働きに深くフォーカスする道が伝えられています。ヨーロッパの人の中にも、そうした場所であるという認識で日本に来られるところがあると思いますね。

「資本」から「富本」へ

――井島さんの場合、どんなイメージで巡礼をとらえてきたんでしょう?

井島　この2年半くらいかけて体験してきたいろいろな思いが重なっているんですが……ヴィパッサナー瞑想を体験する前、中沢新一さんの講演会で平和について考える機会があったんです。

中沢さんは、平和を考えるときに「富とは何か?」がセットになると話され、いまの資本主義の「資」の字源は、死んだ貝殻をかたどったものだと説かれました。一方、「富」の字源は、家の中に酒壺があるイメージなので、富と発酵が重なります。つまり、死んだ貝殻をかたどった「資本」ではなく、発酵微生物という生命を内側に秘めた「富本」という捉え方に、経済というものを根本から書き換えるべきだという投げかけがあって、すごく印象に残っていたんです。

――ああ、資本ではなく富本。

井島　生命が宿っていない型をシステム化させ、増殖させていくことを選ぶのか、生命そのものを中心に置き、平和を創造していくことを選ぶのか?

資本と富本

資

上部の「次」は「人が吐息をついて安心していること」、下部の「貝」は「子安貝＝貨幣」の象形。無理せず手元にある財貨をあらわす。

富

上部の「うかんむり」は「屋根」、下部の「口」と「田」は「神に供える酒樽」の象形。家に物が豊かにそなわった状態をあらわす。

本来の巡礼とは解釈が違うと思うんですが、そうした問いかけの中で（サンティアゴ巡礼のシンボルである）帆立貝が現代の貨幣経済の原理の象徴のように自分には思えて。帆立貝というアイコンを自分なりに意味づけして、ゴールに向かったところはあります。

――発酵するものを富と見立てると、お金の概念が違ってきますね。

井島　発酵によって大きく自己生成され、そこであり余ったものがコミュニティの中でシェアされていく……中沢さんもおっしゃっていましたが、こうしたやり方が（経済の）中心に置き換わらないと、平和そのものの原理も働きはじめないいんじゃないかということですよね。

――発酵と経済をつなげるのはおもしろい発想ですね。発酵によって自己増殖したものを富と呼ぶ？

井島　そうですね。一人一人、いろいろな思いで巡礼しているんだと思いますが、僕の場合はそうでした。

――なるほど、それが井島さんにとって巡礼だったんですね。

2年半の覚醒のサイクル

井島　（スライドの写真を説明しながら）こ

の場所は見晴らしも良くて、一番道がきれいに見渡せる場所でした。

——空間に出たんですね。

井島　ええ。

——空間に出ることで体が変化する、そこに旅の意味があると思うんです。たとえば、（会場のある）逗子に来るだけで、体が変化するじゃないですか。

井島　写真をやりたいと思ったきっかけが、カメラマンの星野道夫さんの作品にあったとお話ししましたが、作品に感動するのと同時に、「ああ、この人はそこにいるんだ」と、星野さんがアラスカの大自然にいるのが感じられたんです。

自分もその場に行って、五感を通して直接感じたい、身をさらしたいというのがきっかけになったので、撮ることはもちろん、「自分が肉体を持ってそこに関わりたい」ということが一番のモチベーションだったと思います。

——撮影のとき、どんなことを意識しているんですか？

井島　写真自体は、自分が反応したら、とにかく撮るようにしています。動物的な感覚で撮って、撮れたものに対してあとで思考していく感じですね。

——今日の旅に関しては？

井島　この2年半、いろいろなことがあったんです。順を追っていくと、去年の8月にまず修験者の星野文紘さんの指導で山形県の月山を歩き、10月に中沢さんの講演、11月にヴィパッサナー瞑想があって、翌年の5月にサンティアゴ巡礼、12月に熊野を歩き……僕の中でこうした体験のすべてがつながっている感覚があって、そのなかでも一番長いストロークで経験させてもらったのがサンティアゴなんですね。

月、星、太陽のメタファー

――とすると、すでに月山のあたりから巡礼が始まっているような?

井島　ええ。歩きながら考えるということは、星野先達との山伏修行で始まっていたと思いますね。2泊3日でしたが、白装束をまとい、修験の山の中をひたすら歩き、滝に打たれ……黄泉がえり（甦り）のプロセスを体験させていただきました。その中で感じたことも、その後の拠りどころになったと思います。

――そのあとに、中沢さん。

井島　ええ。平和に対する中沢さんのメッセージがあって、それを自分の中で熟考する体験としてヴィパッサナー瞑想があって、（意識の深い場所に）潜ったあとに、歩きながら振り返っていたのがサンティアゴだった感じです。自分はいま、確かにスペインにいるはずなのに、気持ちの中で羽黒月山とか、中沢さんの話とか、ヴィパッサナーとか、いろいろなものが混じっていて。

――意識の中で、そういういくつものパラレルがあったんですね。

井島　そのあとに熊野が加わるんですが、月山が月、（サンティアゴの）コンポステーラのステラは星、熊野のシンボルは太陽……2年半の中で、「月」「星」「太陽」という3つのメタファー（暗喩）にまつわる場所を歩けたことが経験として大きかったですし、自分自身の探求するテーマにつながっていた気がします。

――面白ですね。井島さんの求める世界が浮かび上がってくる気がします。

星の巡礼からアルケミストへ

井島　（写真を指しながら）ここは、フォンセバドンといって、パウロ・コエーリョの『星の巡礼』で、主人公が犬に化けた悪魔と戦う舞台になった場所です。

――コエーリョのデビュー作ですよね。あの作品に憧れて、サンティアゴに来る人も多いと聞きますが……。

旅と出会いのプロセス

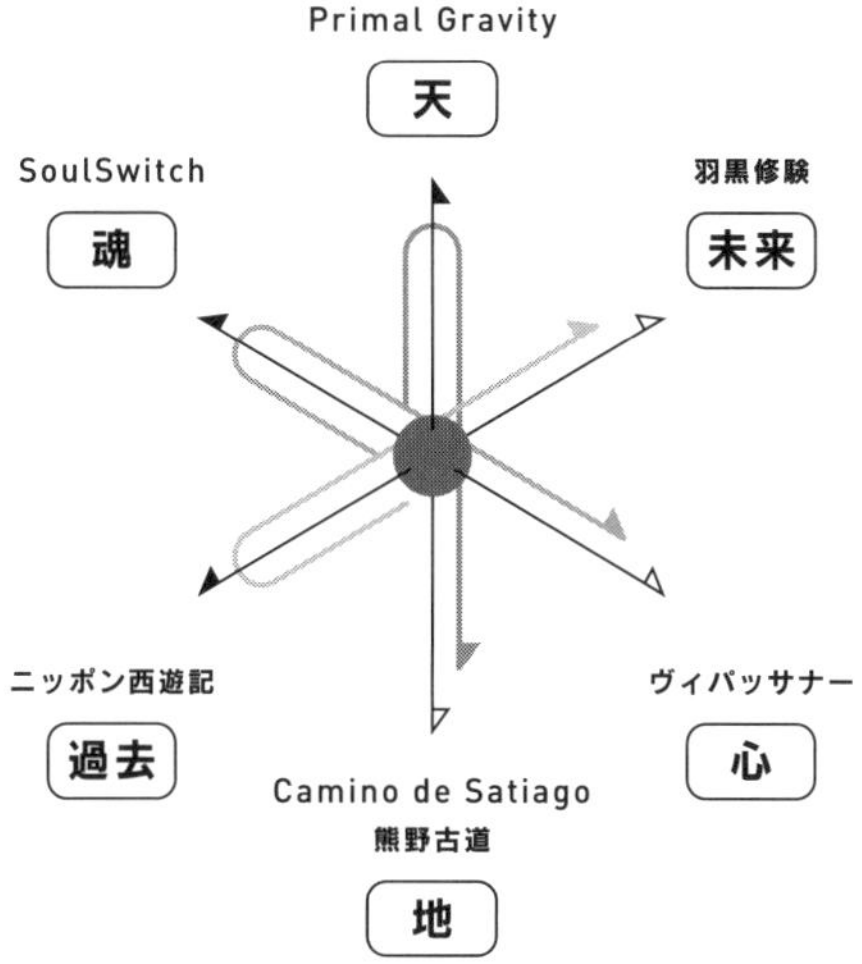

井島　そうみたいですね。

――その彼の代表作が『アルケミスト』ですが、錬金術（アルケミー）は単に鉛を金に変えることではなく、先ほどの発酵の話にもつながってくるように感じます。通常の経済とは違った形で富を生み出すことであるというか。

井島　確かにそうですね。

――『アルケミスト』と『星の巡礼』は根底でつながっていると思うんですね。つまり、人生のアルケミスト（錬金術師）になるために歩くという……。

井島　コエーリョの作品で言えば、「前兆をどう読み解くか？」ということになりますが、僕自身、いろいろと意味づけをしながら歩く中で、日数などの数を象徴として意識することも多かったです。

——何日目であるとか？

井島　ええ。ヴィパッサナーで言えば、10日間の中で8、9、10日目に特に大きな変化を感じたんです。一日一日まったく個性が違っていましたが、特に8日目は、自分が生み出している恐怖が幻想であるということがハッキリ自覚できたときだったんですね。

自分の考え方や思考の癖が実感でき、何かが想念として生み出される前の段階で、その癖を解除できるという糸口がつかめたように思うんです。

——おお、すごいですね。

井島　そうした癖からちょっと離れて自分を見たときに、どういうルートを通って不安や恐怖が生み出されるか、そのことに自覚的になれたというか。後手に回ると、そうしたネガティブな感情に巻きこまれてしまうじゃないですか。

——つらいことや嫌なことがあると、その感情と一体化し、支配されてしまうのが普通ですよね。

井島　感情が生み出されるプロセスを俯瞰的に見る……そのリアルな経験が自分の中にあると、日常の中で感情が揺れ動くようなことがあっても、自分なりに引き戻していけると思うんです。

――ヴィパッサナーで言うと、そうした感覚がピタッとはまったのが8日目だった?

井島　はい。前後にいろいろとありましたが、ハッと気づかされたというか、腑に落ちたと思うんですね。

――サンティアゴに関しては?

井島　サンティアゴでは、死と再生を意味する「13」という数字（日数）に意識を向けていました。

計26日の巡礼期間を「13＋13」と置き換えて、前半の13日間が内なる自己変容プロセス、後半の13日間が自己の外側に拡がる関係性の変容プロセスとみなして、内から外へ、一日一日を新鮮な気持ちで歩きました。

結果的には、まるで「メヴィウスの輪」を歩いているような……内と外が往還して合わせ鏡になったような（主客合一したような）感覚を実感する、とても貴重な経験になりました。

貝殻を土に埋めた理由

――『アルケミスト』では、自己とつながると、そこから無限の力が生まれてくる……それこそが錬金術であると語られているように思うんです。

井島　自己の世界が変わっていくには、まずその世界を信じるとか、惹きつけられるとか、そうしたプロセスが最初にあると思いますが、それはまだ自分の頭の中（意識）で起こっていることですよね。体験を通して、それを確信につなげていく……自分自身の言葉にちゃんと思いを宿していくため、自分が本当にその確信を持ち得ているのか？　自問自答するプロセスがあると思うんです。

——次のステップとして？

井島　はい。自問自答した時、自分の中に揺らぎが生まれますが、僕の場合、その揺らぎに（ヴィパッサナーで）向き合っていった中で、はっきり確信を持てる瞬間があったわけです。

それで、今度はその確信を実践する、それが自分だけものではなく、現実の中で身体化していくということを歩きながら試していったという。

——旅をして得た体験をこれからどんな形でシェアしていきたいですか？

井島　中沢さんの貝殻の話に戻るんですが、旅の最後、コンポステーラの街中の木の麓に大事に持っていた帆立貝を埋めたんです。貝そのものは現実的に分解される

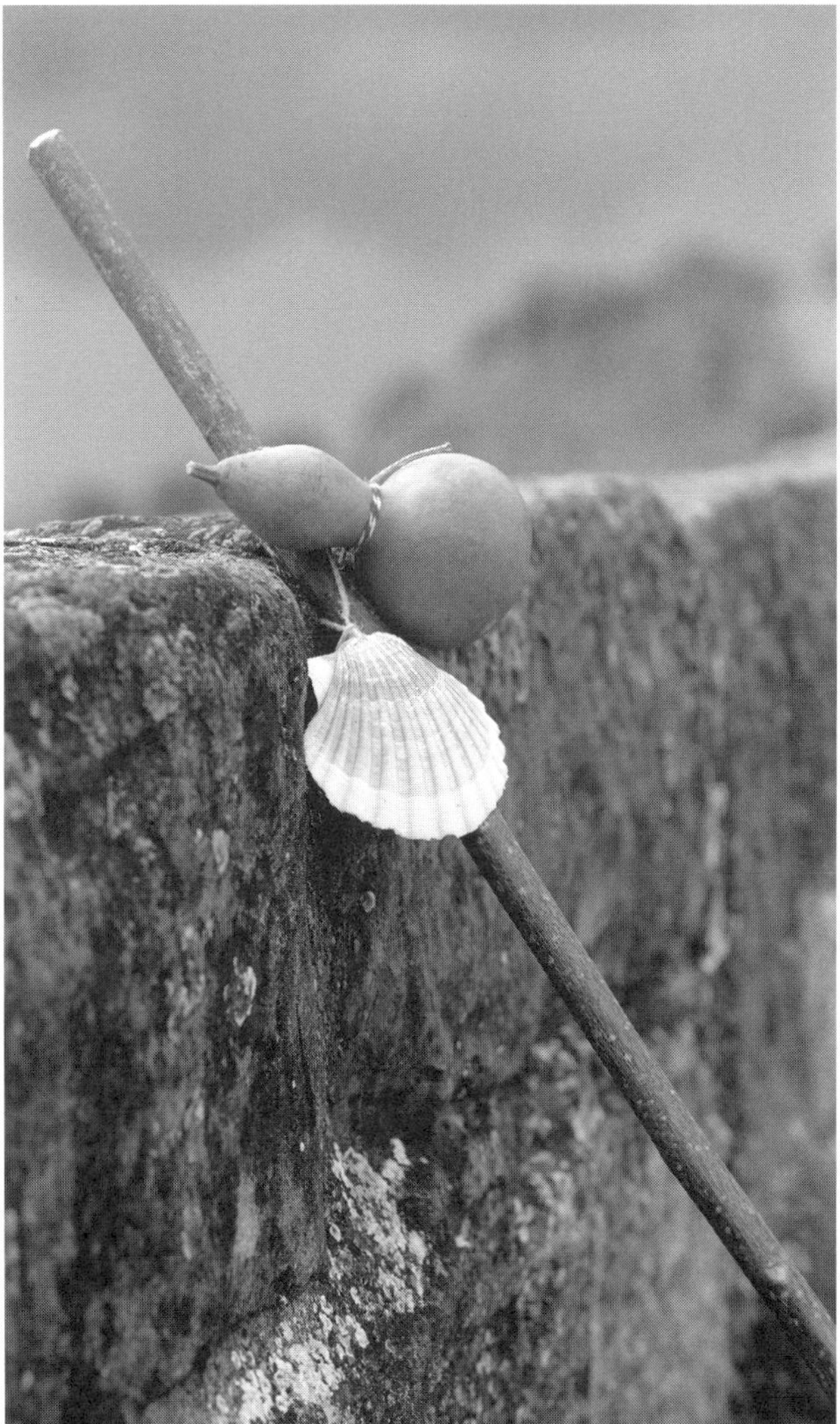

サンティアゴ巡礼のシンボルの一つ、帆立貝。地中海から大西洋をまたにかけて布教した聖ヤコブの象徴として知られる。

ものではないですが、自分自身の儀式として、自分の中の価値観を書き換える象徴的なことをやっておきたいと思ったんですね。自分がとらわれ続けてきたものをいったん手放し、発酵、生命原理、生命の律動といったものを中心に据えた場所に立つことで、この世界がどう見えるか？　これからの人生できちんと確認していこうと、最後に約束したような気がしています。

――これから巡礼を体験したいという人にメッセージはありますか。

井島　この道を活用するというか……百人いたら百通りの旅があると思いますが、それだけ求めれば求めるだけ応えてくれるような空間であることをまず感じてほしいです。僕が話し出すと自分の内省的な目的にフォーカスされて、話がぎゅっと凝縮されてしまった気がしますが、とても素敵な体験が待っていますので。

――人生は旅ですよね。旅の中で覚醒していく、そんなお話だったと思います。ありがとうございました。

井島　ありがとうございました。

井島健至　Takeshi Ijima

１９７４年、福岡県生まれ。横浜市立大学国際文化学部を中退後、１９９９年に渡米。ニューヨークに在住し、写真家の故宮本敬文氏に師事。２００３年に帰国後、写真展「風と土〜primalgravity」を東京・丸の内にて開催。広告や雑誌で幅広く活躍すると同時に、ライフワークとして「祈り」と「記憶」の痕跡をテーマに旅と撮影を続けている。書籍『ニッポン西遊記』（鶴田真由著）、『神結び 日本の聖地をめぐる旅』、『太陽と月の結び』（相川七瀬著）などにも作品を提供。２０１５年「懐かしき未来への旅 in 南砺」で第４回観光映像大賞特別賞を受賞。最新刊に『スペインサンティアゴ巡礼の道 聖地をめざす旅』がある。

井島さんが向かっている、
サンティアゴからアルケミストへの道

ハンカチーフ・ブックス編集長　長沼敬憲

浮かんできた次のビジョン

２０１６年10月。ひとつ前の『TISSUE』の編集を終えたとき、僕は何かを失ったような、その失った先に大きな希望が浮かんでいるような、とりとめもない気持ちのなかにいました。

「野生」

ということをテーマにして、これはという人にインタビューしたり、一緒にイベントを行ったり……

取材後記

最終的にはそれを記事にまとめていくにあたって、「すべて自分の思い通りに進める」ことをひそやかな約束事にしていました。

いろいろな制約があるから、湧いてくる創造性もありますが、制約はちいさな自己規定につながり、自分を臆病にするところもあります。

ハンカチーフ・ブックスを始めたことで、外せるものは外して、言い訳せず、自由に創ってみようと思い、半ばそれは達成されました。

と同時に、すぐにこんな思いが湧いてきました。次はどこへ向かおうか？

しばらくの間、ぼんやりすごすなかで、これまでの枠を外し、もっと広い場所に出たいという衝動にかられるようになりました。

そこには、ハンカチーフ・ブックスの枠も含まれるかもしれませんし、自分の仕事そのものの枠を指しているのかもしれません。

そのとき、ふっとインスピレーションのように降りてきたのが、

アルケミスト

という愛読書の一つだった本のタイトルです。

ブラジルの国民的作家であるパウロ・コエーリョの代表作であり、世界的なベストセラー、日本ではあの山川紘矢・亜希子夫妻が翻訳したことでも知られています。

錬金術師、という意味なのですが、僕はオカルトの錬金術ではなく、人生の錬金術という意味にとらえました。といっても、お金をわんさか生み出すたとえではありません。

小説『アルケミスト』のラストシーン、ネタバレになるので書きませんが、主人公サンチャゴが絶体絶命のピンチを乗り越える場面の対話は本当に素晴らしく、でも、これは寓話ではない、意識の変容の物語であるはずだと思いました。

生物は瀕死の状況のときに生命力を躍動させ、メタモルフォーゼを起こします。

錬金術はメタモルフォーゼ。ただお金持ちになるのではなく、それをもすっぽり包み込んだ、人がちがう人へ脱皮する瞬間。

アルケミストから始めよう。そう思った僕は、山川さんご夫妻にコンタクトをとり、「アルケミスト」をテーマにしたトークショーを開きました。これが2016年12月のことです。

話が長くなりました、逗子のシネマアミーゴで井島さんとイベントを開いたのは、その1ヶ月後、年をまたいだ2017年1月のことです。

アルケミスト流に言えば、そこに至るまでにはいろいろな前兆がありました。

まず、『アルケミスト』の著者コエーリョのデビュー作が、『星の巡礼』というサンティアゴ巡礼を舞台にした物語だったこと。

『アルケミスト』の舞台は、北アフリカのモロッコやエジプト、つまりはサハラ砂漠なのですが、サンチャゴはアフリカに渡る前、スペインにいました。モロッコに渡って早々、羊を売り払って得た全財産をだましとられ、無一文になってしまう……そのあたりから物語が展開しはじめます。

いずれにせよ、スペインです。

山川さんのイベントの準備をすべく、いろいろと調べごとを始めるなかで、気持ちはスペイン・モードに変わっていきました。井島さんがサンティアゴ巡礼の本を出すという情報がSNSに流れてきたのは、まさにそのタイミングでした。

それが、高森玲子さんとの共著『スペインサンティアゴ巡礼の道 聖地をめざす旅』です。

「アルケミスト」の次は「サンティアゴ巡礼」……そんな筋書きよりも、僕は「人生のアルケミスト」を目指す仲間の一人として、井島さんと話がしたいと思いました。ざっくりと言ってしまえば、それが今回の記事につながります。

井島さんは、僕よりもずっとたくさんの土地をめぐり、カメラのフィルター越しに、いまの世の中の向こうにある景色を覗いてきました。

その向こう側にあるもの、それは「アルケミスト」のラスト、奇跡を起こして伝説となったサンチャゴのストーリーとも重なるような。

井島さんのなかの、リアル巡礼道。奇跡が風に変わり、空気に変わる……僕自身もまた、僕自身のたましいの旅を続けていきます。

Symposium

「宇宙大の熊楠」と出会う

写真提供／南方熊楠顕彰館（田辺市）

２０１７年３月４日、南方熊楠の生誕１５０年を記念して、神田駿河台にある明治大学にて「宇宙大の熊楠」というシンポジウムが開かれました。

主人公はもちろん、明治の日本に生まれ、類まれなる知力と胆力でこの世の森羅万象の謎を探求し続けた南方熊楠（１８６７〜１９４１年）。

幼い頃に熊楠にインスパイアされ、人類学者としての道を歩んだという中沢新一さん（明治大学・野生の科学研究所所長）の第26回南方熊楠賞受賞を記念して開催されたこの催しには、中沢さんをはじめ、占星術研究家の鏡リュウジさん、熊楠の郷里である和歌山県田辺市の真砂充敏市長、熊楠の菩提寺・高山寺の曽我部大剛住職、熊楠の研究者で、シンポジウムの司会を務めた唐澤太輔氏らが参加、まさに宇宙大の熊楠の魅力が伝わる楽しい語りの場になりました。

「宇宙と同じほどの大きさを持っている」という熊楠の思考法、世界観を、いまの時代にどう伝えていくか？　まず、熊楠愛あふれる中沢さんの基調講演をレポート、続いて鏡リュウジさんの講演「熊楠の『星』をめぐって」を紹介します。

取材協力：富岡麻美
レポート：長沼敬憲

科学とは違う「ものの見方」

歴史のとらえ方に、まるで階段を上っていくように時間が経過し、上がるほどにだんだんと良くなっていく……そうした進歩史観が存在します。

ヨーロッパの近代哲学は、まさにその流れのなかで紡がれ、デカルトからカント、ヘーゲルへと、まるでリレーのように世界の見方が継承されてきました。

そうした思想のもとにあり、近代哲学と寄り添いながら展開されてきたのが科学（近代科学）でしょう。

近代科学は、この世界を観察するツールであり、混沌とした自然のなかから、その核にあたるものを取り出し、浮かび上がらせることを使命にしています。

それは、要素還元主義と言い換えてもいいかもしれません。

古代ギリシャの時代から連綿と続く、すべてを分解し、解体し、事物を成り立たせている根源へとたどり着こうとする、そのたどり着いた先にこそ本質、すべてを成り立たせているエッセンス（要素）があるとする考え方です。

現代社会に生きる僕たちは、いつの間にかこの要素還元主義に慣らされてしまい、ほかにも「ものの見方」が存在することを忘れてしまいました。

いや、忘れるというより、捨てることに意義を見出してきたのかも。

サムライの国の住人である我らが日本人は、その世界的にも稀有ないさぎよさで、自分たちが持っていた「ものの見方」をすっぱり捨ててしまいました。

ものの見方は単独で存在しているわけではなく、その背後には、ものの見方を成り立たせているその集団の価値観、つまり文化が存在します。

ものの見方を捨てるということは、文化を捨てることであり、歴史を捨てることでもあり、それは精神を根こそぎ変容させるような（まるでハラキリのような）衝撃を伴っていました。

博物学、熊楠、アナロジー

前置きが長くなりましたが、中沢新一さんはこれまで一貫して、その「いさぎよく捨てられたもの」の本質について研究し、語ってこられた方だと思います。

その捨てられたもののなかに、南方熊楠のバックボーンである博物学と呼ばれる学問がありました。

近代科学がこの世界を席巻するようにな

るのは20世紀に入ってからですから、熊楠が生きた19世紀は「古いものと新しいもの、博物学と近代科学が混在し、拮抗しあっていた」と言います。この時代に生きる人にとって、科学的思考がすべてではなかったということでしょう。

「いま私たちが科学と呼んでいるのは、19世紀以降に形成されていったものです。

この時代に始まった科学は、いまやこの世をありとあらゆる側面をリードし、大変な影響力を発揮していますが、その科学が生まれはじめた時、熊楠はすでに限界があると見抜いていました。一人の科学者とし

て、当時主流となりつつあった自然科学の矛盾を認識していたのです」（中沢さん＊以下も同様）

科学の限界。いまでこそよく耳にするフレーズですが、その科学がまだ萌芽したばかりの段階で、限界を見抜いていた？　なぜ、どうやって？

　中沢さんは、裏付けとして、初期の人類が取り入れていたアナロジーという体系に注目しました。

　近代科学とは異なるものの見方の象徴がアナロジー。

　そんな文脈ですが、あまり聞いたことのない言葉です。中沢さんの講演での発言から、ヒントになりそうな言葉をいくつか挙げてみましょう。

星占いが「当たる」のはなぜ？

「アナロジーとは、これとこれは似ているという視点で自然界にあるものを取り出し、この二つにつながりがあることを認め、一つにまとめる知的な手法です。

　つまり、自分のまわりと自分の心の内部の現象を観察し、その相互の間にアナロジーという関係を使って、体系を膨らませていったんです」

「私たちは何かを理解するときに、必ずアナロジーを使っています。それは、（いま起こっていることが）自分が体験した何かに似ているという、両者が重なり合わさるような世界です」

わかりやすい例えとして、星座の話も出てきました。

「人間の世界で起こっていること、人格の中で起こっていること、そして、天空で起こっていることの間にアナロジーでつながりを見いだそうとする思考法、そこから占星術が生まれました。

私の運命はある星座が握っている、ということですが、これはいま考えてみるとおかしなことで、星座を構成している星と星はまったく関係のないところにあります。それを人間が地上から見て、たまたま接近してあるパターンを作っていると認識することからはじまったのです」

科学的思考で占星術を捉えたら、これはもう不合理極まりありません。

だって、ただそう見えるというだけで、実際には星はまったく別の場所にあるわけだから、そんな星のつながりなんて妄想にすぎないことになります。

これはとても大事なポイントで、科学をやっている人ならば、ほとんど同じような反応をするでしょう。

でも、そう見えるということは、アナロジー的には、そう見える心とつながっていることになります。心を集合無意識という大きな枠のなかでくくったら、星の配列に人の生き方、心理が反映されているというものの見方も成り立ちます。

科学と占星術、そのどちらが正しいかを議論したところで、拠って立っているところが違う以上、結論は出ません。

そうではなく、違う世界観が並立しているととらえると、どちらもものの見方として受け入れられ、そこから意味と価値を取り出せます。そう考えていくと、人の生活から様々な考え方が共存する寛容性、豊かさを奪っていったのが近代ということにもなるでしょう。

錬金術を可能にするもの

中沢さんは、アナロジーの視点として、もうひとつ、錬金術についても取り上げられました。

「鉄のような劣った金属を金のような優れた

金属に変えるというのが錬金術だと言われていますが、そこには、ある物質を別の物質に変性させていくことが可能だと考え、そのための実験を繰り返すといった意味合いも含まれています。

これは先ほどのアナロジーと深い関係があって、つまり、違うものどうしの間をつないでいくのがアナロジーですが、その間が埋まっていると考えたのです。二つの離れているものを結びつける間がすべてつながっていて、その間によって世界が変化（メタモルフォース）していくという考え方が背景にあります」

人類と科学の歩み

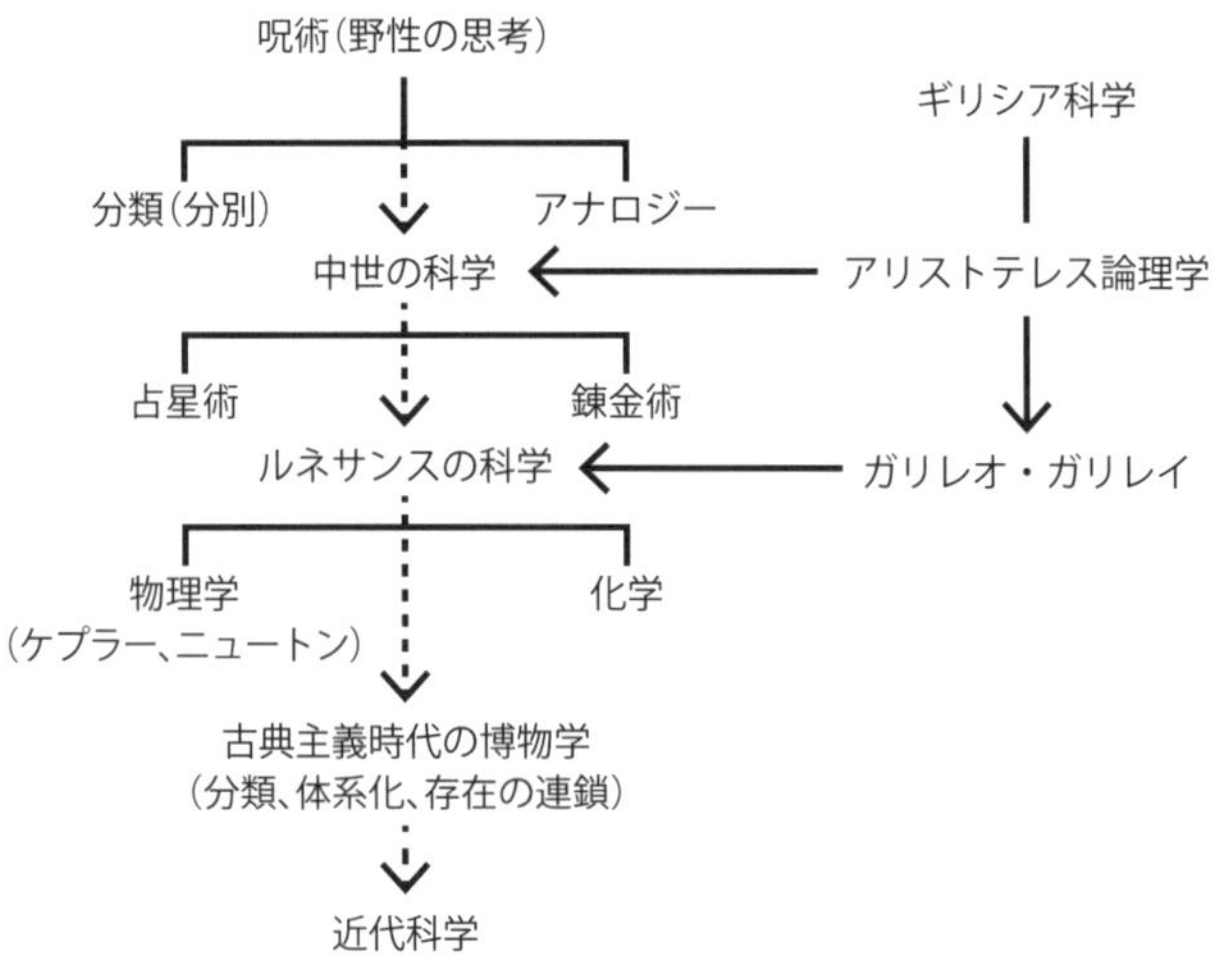

　間が埋まっているということは、すべてがつながっていること。無関係に見えることでも、それはただそう見えるだけだとしたら、世界の見方は変わっていきます。

「占星術は、天空と人間の世界につながりを発見し、それが操作できるというもの。錬金術のほうは、物質の世界に人間の心が介入して、それを変化させていくことができるというもの。

　この思考法の特徴は、違うものどうしをくっつけたり、あるものとあるものが連続的に変化していって、別のものに変わっていったり……という世界観です。この世界にはどこにも隙間がない、その間はつねに中間物で埋められている、この世界は何一つ孤立したものがないという考えが背後にあるわけです」

　荒唐無稽に思える錬金術の世界観も、アナロジーでとらえると、そこに筋道だったロジックが見えてきます。

　そのロジックを受け入れないまま、違うロジック（世界観）に頭のなかが支配されたままであったら、錬金術も成り立たないということでしょう。

　ということは、意識を違う世界観に切り替えること、じつはそれそのものが錬金術と言えるかもしれません。支配されているものから離れたら、いままで想像できなかったことが見えてくるわけだから。

だったら、鉛を金に変えることだってできる？　そうかもしれない。少なくとも、「そんなことはあり得ない」と思っている限り、原理的にそれは起こりません。

あり得ないと思っている人は、あり得ない世界にいるから、ありえない。そこで問われてくるのも、すっぱり捨てるサムライのいさぎよさだったりするわけです。

レンマという直感力

さて、中沢さんのアナロジーの話は、絶妙な形でレンマという、もうひとつのキーワードに接続されます。

レンマはロゴスの対義語にあたります。だから、アナロジー的世界観とレンマ的世界観は同質ですが、興味深かったのは、かつてはレンマが普遍であり、ロゴスのほうが特殊だったという指摘です。

言葉のルーツである古代ギリシャにさかのぼって、両者を対比してみましょう。

「彼らは、人間の心の中にはふたつの思考傾

熊楠マンダラ

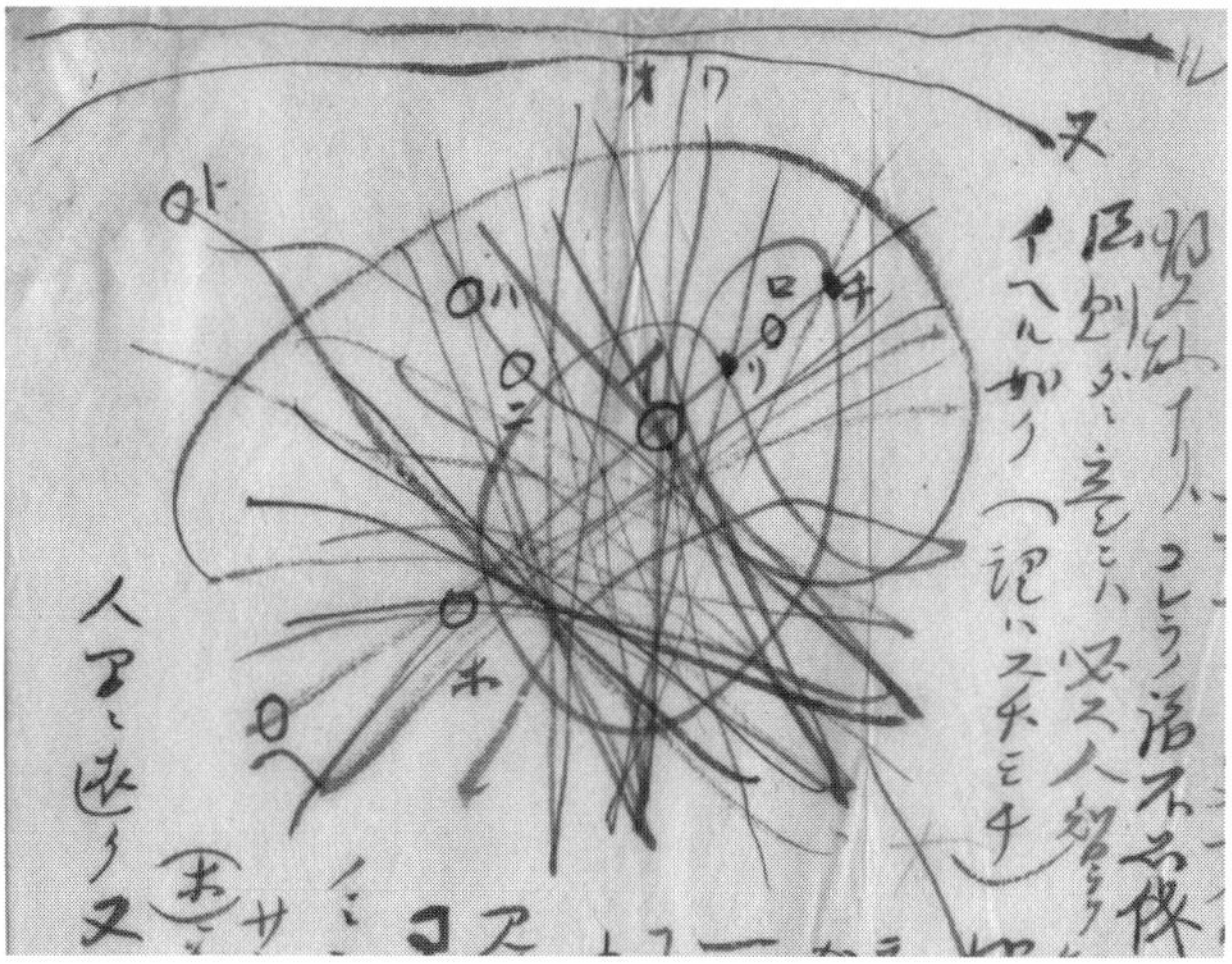

向があるととらえました。

ひとつは、ものごとを順番に系統だって並べて整理していく能力で、これはロゴスと呼ばれます。

ロゴスとは世界を分類し、その分類したものを言葉が生み出されるのと同じようなやり方で並べていくのです。その結果、言葉の能力とはロゴスの働きであって、それが人間の知性で最も重要であると考えるようになりました。

他の国の人たちも漠然と考えていたとは思いますが、ギリシャでは哲学者と呼ばれるフィロソフィア、つまり知を愛する人たちが現れ、『人間の理性の本質はなんだ?』

と徹底的に考えはじめたことで、ロゴスが取り出されたのです」

これに対して、レンマとは「ものごとを時間軸に並べる能力ではなく、一気に把握できる能力。部分も全体も一気に理解できるという能力」だといいます。

「レンマとは直感力です。

それは、時間で離れているものと空間で離れているものは、相互につながりあっているという考え方ですから、部分と全体がひとつにつながり合い、それを同時に認識できるという能力になります。

それが人間にあるとギリシャ人は気づいていましたが、彼らはロゴスこそが確実に知識をもたらすやり方だと主張しました。レンマのやり方は、確かに直感的で優れているけれども、確かなものはつくり出せないと考えたのです」

レンマのなかにロゴスがある?

レンマが直感としたら、ロゴスは思考。

思考のほうが確実だと感じた人たちのグループが力を持ち、レンマの世界は後退していき、その流れのなかで西洋社会にルネッサンスが興り、近代哲学、近代科学が発展していき……。

「レンマの考え方を発達させようとしたのは、インドのフィロソフィア（哲学者）たちです。

彼らはロゴスよりもレンマの思考法のほうが優れているととらえ、ものごとを並べていくのではなくて、まるで曼荼羅のように一気に掌握して、この世界を理解しつくすことができるという考え方を発達させようとしました。

このインドで発達したフィロソフィーは、仏教の中で大いに発達することになりました」

こうした系譜の先に博物学があり、さらには南方熊楠が現れ、アナロジー的な、レンマ的な世界観で、勃興しつつあった近代科学をとらえたわけです。

「ああ、これは物足りない。とても真理にはたどり着けない」

熊楠がそう思ったとしても、不思議ではありません。むしろ、なんとなくわかる気がしませんか？

ロゴスが間違っているわけでも、レンマだけが間違っているわけでもなく、大事と言うならどちらも大事。

ただ、構造としてみた場合、全体を直感

的に一瞬でとらえるレンマに対し、ロゴスは全体から部分を抽出し、どんどんと細分化させていきます。

だから、レンマという全体のなかにロゴスという部分が含まれる、そう位置づけることもできます。

熊楠がつくろうとした科学

「自然科学の中では生と死の現象は分かれますが、レンマの思考法ではこの二つは分かれません。

生命の中に死は宿っていて、死ぬから新しいものが生まれる。つまり、生と死は一体である。

ところが、自然科学の認識法では、生と死は完全に分離されてしまう。あるいは、植物と動物を分離してしまう。熊楠は、これからはじまる自然科学の時代の中でこうした分別の力によって世界中が作られることを危惧しました」

熊楠の大事にした科学は、レンマの視点をベースにしたうえでロゴスを活用しようという、かなり野心的なものだったことが感じられます。

人が歴史のなかで培ってきた様々なものの見方を統合させる、あるいは、直感を土台にした科学的思考を構築させる。……過去の時代にもなかった、もちろん、いまの科学のメインストリームにも浮上していない、ワクワクする世界像が浮かび上がってきます。

「熊楠の学問は、人類が10万年蓄積してきた知識の体系であるレンマ的な知性と、近代科学と同時に発達してきたロゴスによる世界認識、この二つが同時に抱え込まれています。

そして、西洋的な理解方法のベースにあるロゴスの思考法の根源には、じつは東洋で発達したレンマの考え方があるということを強調しようとした。

そのレンマ思考法をもっとも端的に表現しているものとして、華厳経というお経を取り出したんですね」

中沢さんは、最後にこう語ります。

「私自身は、熊楠のこの発想はたいへん正しいと思っています。そして、熊楠と土宜《どき》法龍《ほうりゅう》（近代を代表する仏教学者、高野山管長）との間で展開されたような華厳経をベースとする、新しいレンマの科学は可能だと思っています」

新しいレンマの科学。それを先取りして、熊野の森で世界とつながり、向かい合っていた熊楠。華厳経の世界観と接合させ、科学を超えたものすらなんなく取り込もうとしていた熊楠。

なんともはや、こんなにすばらしい世界を捨ててしまったなんて。

そう思いつつ、いやいや、そのすばらしさをまじまじと感じとるために、人はあえて捨てたのかも。だって、レンマは失われてわけではなく、そもそもこの世界のすべてを包み込んでいるわけだから。

ロゴスの企みだって、そのロゴスとエゴイズムが結びつき、増長し、いのちの世界が息絶え絶えになる末路だって、熊楠はお見通しだったかもしれません。

これからは新しいものを探すのではなく、捨てたものを拾い集め、そこに再びいのちを吹き込むこと……ロゴスを携えつつ、レンマを哲学することが、僕たちのミッションなのでしょう。

中沢さんのこれからの仕事、また追いかけていきたいと思います。

中沢新一　SHINICHI NAKAZAWA

１９５０年、山梨県生まれ。東京大学大学院人文科学研究科修士課程修了。現在、明治大学野生の科学研究所所長。宗教人類学者、思想家。著書に、『アースダイバー』（桑原武夫学芸賞）、『カイエ・ソバージュ』（小林秀雄賞）、『チベットのモーツァルト』（サントリー学芸賞）、『森のバロック』（読売文学賞）、『哲学の東北』（斎藤緑雨賞）、『熊楠の星の時間』など多数。２０１６年、第26回南方熊楠賞（人文の部）を受賞。
http://sauvage.jp

Report 2

熊楠の『星』をめぐって

鏡リュウジ（占星術研究家）

中国の星座とインドの星座

南方熊楠がイギリスに留学していた時、「ネイチャー」に投稿したデビュー論文、いまでいう読者投稿のタイトルが『東洋の星座』でした。

その内容は、ある人物からの〝いろいろな文化圏の星座が似ていたり、違っていたりするのはなぜか？　星座の形は文化によって違うのか？　文化や民族ごとに星座の分類ができるのか？〟といった質問に熊楠が答えるというものです。

そこでの最も重要なポイントは、星座は恣意的に星の形を結ぶものであるので、当時流行していた（インド＝ヨーロッパ語族など）言語によって民族を分類するのと同じように、星座の結び方によって民族の違いを分類できるのではないか、というものでした。

そこで熊楠は、中国の星座とインドの星座を比較のツールにしました。その際に用いた星座は、月星座と呼ばれ、月の運行を基準にしたものでした。

いま、私たちが使っているのは太陽の通り道を12の星座で分割したものですが、それと同じように月の1日分の移動量を基準に、天球を27あるいは28に分割するのです。

そこには12の星座が描かれていて、その

外側に月の満ち欠けが描かれています。このうした月星座の分類は非常に古くから行われていました。当然、中国でもインドでも行われていました。

熊楠は中国とインド、それぞれ違う文化で発生した星座が似ていることを指摘します。つまり、星座の場合には異文化においても似てしまう場合があり、言語のように民族を分類する指標にするのは難しいんじゃないかという返答をしたんですね。

熊楠の思考のルーツ

このテクスト、つまり「ネイチャー」での英語の論文発表がきっかけとなり、彼の英語圏における地位がスタートしていくことになりますが、そこで僕は「ああ、なるほど」と思ったわけです。

というのは、ここでは星座の分類が当時流行っていた民族の分類の仕様としては使えないという、最初からの期待からすると残念な結果なわけですが、僕はそれを読んでちょっと嬉しくなったのです。

なぜか熊楠は、27〜28の星座がインドと中国、別々に発生したという仮説を前提としているのですが、じつはそうではないらしいのです。どちらが先なのかわかりませんが、インドと中国は近いですから文化の

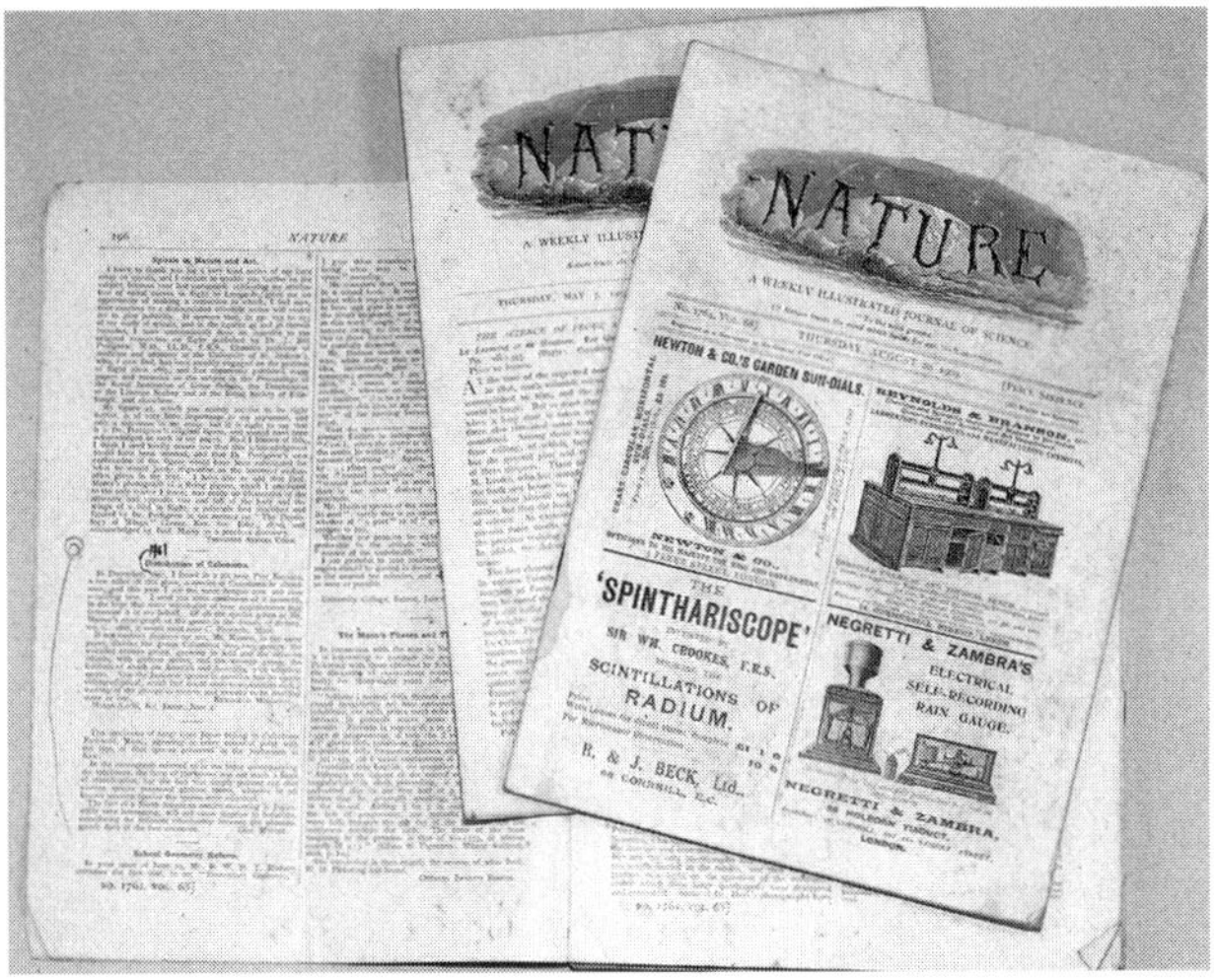

熊楠が投稿した当時の「ネイチャー」。

伝播も当然あったはずで、似ているのは当然なんですね。

ですから、学問的な結論としては誤っていますが、もしかしたら彼の思考、あるいは我々が熊楠に期待しているもののルーツのようなものがそこにある気がしたのです。

彼の結論をもう一度繰り返すと、違う文化で発生した星座のパターンは似てしまう場合がありますよ。だからそれを基準に民族の分類に使うのは不適切です、というものでした。これは逆に言うと、民族を超えて同じようなパターン、同じようなアナロジーを我々は生み出してしまうことがあるんじゃないか……そういう結論としてもとれるのです。

月をめぐるシンクロニシティ

面白いなと思ったのは、この『東洋の星座』という論文の英文タイトルは『The Constellations of the Far East』と言いまして、Constellation（コンステレーション）のconは「一緒に」、stellaは「星」ですから、「星の並び」になります。

ここで、ユング心理学を読んでいる方はピンとくると思うんですが、この言葉はユングも使うのです。Constellationは〝布置〟とユング心理学では訳されます。布置というのは、ユング心理学の特殊な用語で、本来、因果的には関係ないものの中に一瞬でパターンをつかみとる知的な認識、把握の仕方なんですね。

我々は星の中にパターンを生み出して、そこに意味と物語を生み出していきます。これが占星術の基盤です。

ひるがえって考えてみると、案外、僕たちも日常的にそんな考えをしています。我々の人生とか、いまこの世界で起こっていることに対しても、「ああ、あの時に出会ったのがあの人だったからだ」とか、「昨日とてもいい天気だったからだ」とか、本当は因果関係のない点と点で散らばっているものを、パッとひとつのものとしてとらえ、そこに意味や物語を生み出していくということをやっているでしょう。そうした我々が日々やっていることを、とても真面目にやっているのが星占いだと思うんですね。

私は熊楠の専門家ではありませんから、彼の膨大な活動のすべてを知ることはできませんが、そこは占い師の特権です。その人のことを知ろうと思ったら、その人の生まれた時の星を見ればいい（笑）。

熊楠が生まれたのは、1867年5月18日、生まれた時間がわからないのですが、この日、地球が真ん中にあって太陽と月がちょうど反対側にある。つまり、熊楠が生まれたのは満月なんです。

満月に生まれた熊楠が、最初の英語での論文を月に関して書いていたことが、僕にとってはすごくシンクロニシティであり、コンステレーションなんです。こういうことは星占いをやっているとよく起こるので、非常に面白いなあと思うんです。

“やりあて”という能力

（シンポジウムの司会を務めた）唐澤太輔さんの『南方熊楠の見た夢』を読んで本当にびっくりしたのですが、熊楠はフィールドワーカーでしたから、粘菌のようないろいろな生物を発見するでしょう?

そうした時、普通僕たちが考える発見は、たくさんの経験値に基づいて、階段を順番に上っていって何かに到達すると考えがちですよね。ところが熊楠は、「やりあて」と言うんです。

たとえば、夢のお告げで「ここにこんな蘭があるかもしれない」と死んだ人が教えてくれて、そこに行くと実際にあったりする。そういうことが科学的な発見の中にもわりと起こっている。

むしろそういうことを体験していない人をあまり信用しないというふうに、彼は言っているわけです。


僕は、これとよく似たことをどこかで読んだ気がしたのです。

20世紀の最先端の物理学者で、ユングと一緒にシンクロニシティという不思議な現象を研究したパウリという人が、同じことを言っていました。

ユングとパウリの共著である『自然現象と心の現象』という本があり、そこに16世紀に活躍したケプラーという近代天文学の父であり、同時にガチガチの占星術師であった彼の考え方について書かれている論文が入っています。

なぜパウリはケプラーに興味を持ったのか? じつはパウリはとてもヘンな人で、

学者としてはとても活躍していたんですが、同時に精神的には破綻しているところがあったようなんです。それで、ユングに分析を受けていたんですね。

20世紀に入り、ユングがきっかけで錬金術が再評価を受けますが、彼は『心理学と錬金術』という中期の代表作の中で、いろいろな人が普段見ている夢と錬金術の思想の間に共通するイメージがたくさん出てくると言っています。

ケプラーの見た宇宙

パウリも夢や直感によって物理的な発見が起こっていると言っていますが、その良い例としてケプラーを挙げているのです。ケプラーの考えている宇宙の仕組み、占星術の当たるという仕組みを、彼はこういうふうに説明しています。

太陽と月の反対側、地球を中心に180度違います。それから占星術では、太陽と月が同じ方向にいる、これは地球から見ると内角ゼロなんですが、こういうふうに意味のある、ある種の幾何学的なパターンをつくるたびに、地球では嵐が起こったり、天気が変わったりする……。本当かどうか知りませんよ（笑）、ケプラーは少なくともそう考えました。

熊楠のホロスコープ

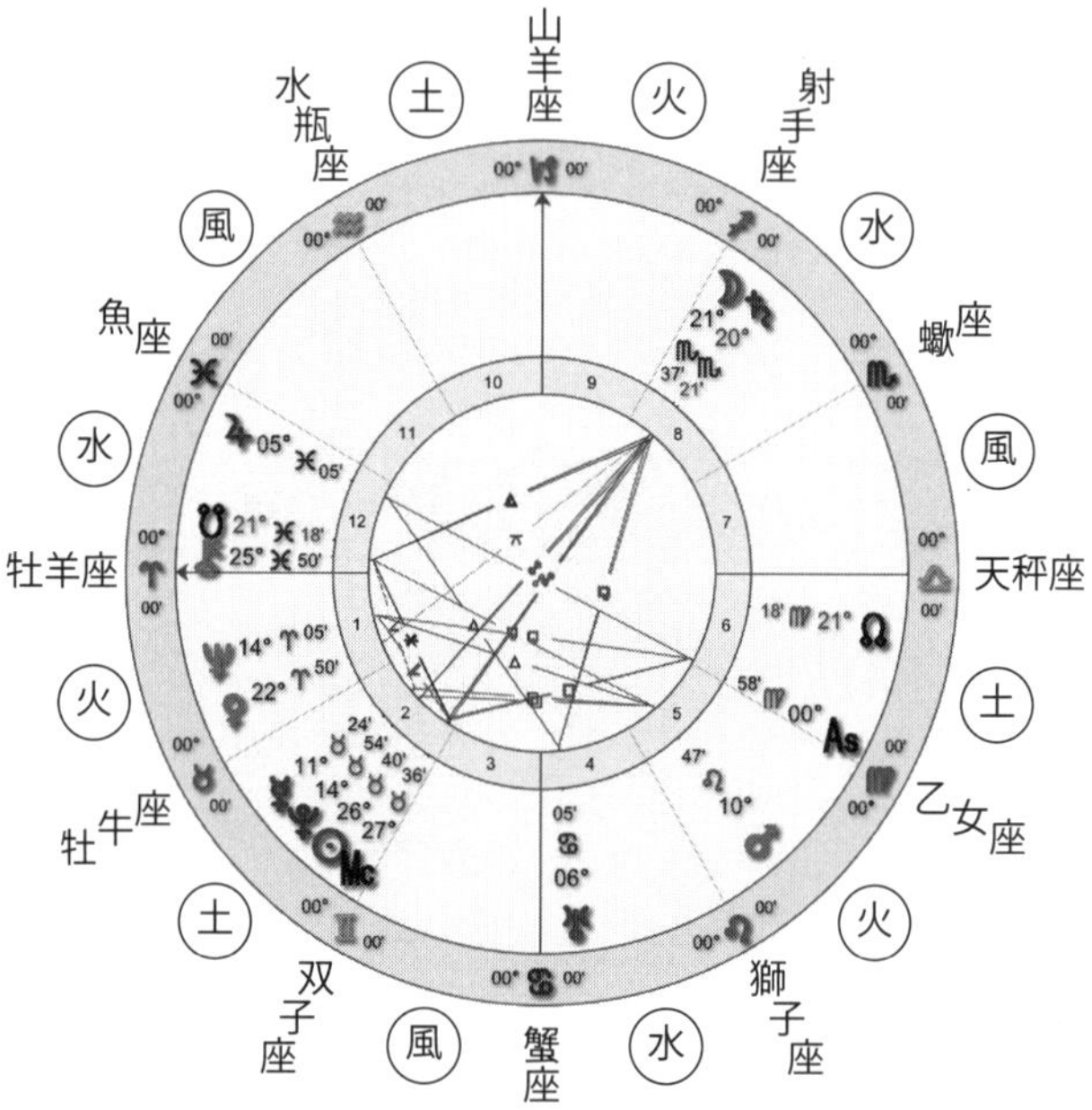

Minakata Kumagusu

Natal

18 May 1867,Sat.

12:00 PM LMT-9:00:44

Wakayama,Japan

Tropical

Zero Aries

じゃあ、なぜそんなことが起こるのか？ここでケプラーはすごく面白いことを言っています。地球もじつはひとつの精神、魂であると。人間の魂や精神と同じようなものだと言うんですね。

たとえば、我々人間は三角形と言いますね。ところが、五感では絶対わからないんです。なぜなら三角形は、三本の線分によって作られる形です。線って何かと言ったら、長さはあるけれど太さはない。にもかかわらず、我々は三角形と認識できる。なぜなら、我々の魂の中にそういう図形が最初から入っているからだと。それが理性と呼ばれるものなんですね。

地球の魂が喜んでいる

地球にも魂や理性があるとするならば、そうした魂が宇宙を記述する一番シンプルなものが数学です。

それは神から与えられた美しい秩序ですから、そういうものがあると地球の霊は嬉しくなって喜んじゃう。ですから、星が幾何学的なパターン、秩序をつくるたびに、地球ごと喜ぶ。とても科学者とは思えないロマンチックな考えですけれど、これこそアナロジーなんですね。

その時に大事なのは、星の引力とか光が影響力を与えているわけじゃないということです。地球という霊、もうひとつ言うと地球という物質、それから宇宙の星という物質、そして魂、精神を貫く同じ法則が両方ともに働いている。

そして、その2つがシンクロする時に、我々は思わず悦びを感じる。それこそがものごとが理解できる、直感的に把握することの本質であり、それはこれ以上ないほどの悦びそのものなのだ。ケプラーがそう言っているように僕には読めるんです。

「星の時間」との出会い

熊楠が粘菌を発見した時、とてつもない喜びを感じたと述べています。それは「星の時間」と呼ぶ以外ないようなとても貴重で美しい体験であると、中沢先生の本（『熊楠の星の時間』）の中では形容されていますよね。

地球自体が、熊楠と同じように星の時間を感じるたびに喜ぶというか、何か変化が起こっているのだとケプラーは書いていたんじゃないかと思います。

つまり、物質世界を統べる論理のようなものと、僕たちの心とか知性を動かしている理というものは、まったく同じ構造でできていて、それがパッと合う時に我々は「わかった！」「嬉しい！」というふうに感じるんだと、熊楠やパウリは言っているように思います。

これがもしかすると、熊楠が言おうとしていた〝やりあて〟に近いんじゃないかなと思うんです。

パウリのマンダラ、熊楠の曼荼羅

パウリはたくさんの夢を見て、記録に残していますが、その一連の夢の中で最も印象的なものとして、「宇宙時計の夢」が知られています。（イラストを指しながら）それがこんな絵らしいのですが、宇宙全体を動かしている巨大な時計があって、パウリは

宇宙時計

F・D・ピート著、管啓次郎訳『シンクロニシティ』（サンマーク出版）より

この夢を見た時に「調和の極致の感覚」を味わったというんですね。

これは、ユング心理学がいうところの「マンダラの夢」にあたるわけですが、熊楠を知っている人ならば、マンダラと聞いて「あ、あれだ」と思われる「南方マンダラ」(239ページ参照)があります。熊楠の世界観を表したものだと言われますが、パウリの幾何学的なマンダラとこのグチャグチャな曼荼羅と、同じマンダラ(曼荼羅)とネーミングがついていてもかなり印象が違いますね?

もしかしたら、中沢先生がおっしゃったような、西洋のそれまでの科学の限界について熊楠が直感したものが、時計のイメージとのコントラストにおのずと現れているんじゃないかと思うんです。

西洋の知性というのは、あくまで抽象(イデア)に向かうんですね。それは一般の人にとって数学のイメージ、一本の線で描けるシンプルな図形が重なってきますが、一方の南方マンダラは簡単に真似して描くことはできません。複雑な現象界をそのまま切り取ったような、神経の繊維というか、ドロドロとした粘菌のイメージに近いんじゃないかと思います。

熊楠のホロスコープ

熊楠は、森羅万象に興味があったはずですが、その中でもドロドロした、ねちょっとした粘菌に関心を持っていました。「それってなぜだろう?」と思うわけですが、占い師ですからアナロジー的に解かないといけないですよね。

先ほどお見せしたホロスコープ（生まれた時の星の配置）に話を戻しますと、ホロスコープというのは12の星座を「火・土・風・水」という4つのエレメントに分類していきます。

通常はこの4つのエレメントが星座に均等に入るはずなんですが、熊楠の場合、双子座、天秤座、水瓶座にエレメントがありません。この3つの星座は「風の星座」と呼ばれていて、風は知性を表します。ですから、普通は「知性が劣っているんじゃないか」と思うわけですが（笑）、もう少し想像力を働かせると、風というのはスペースがないんですね。

エレメントは階層構造で考えると、いちばん下から土→水→風→火と重い順に世界が折り重なっているのですが、熊楠はこのうちの土と水にたくさん星を持っているんですね。すべてをパーっと照らす火の直感力はありますが、それを論理的に客体化して記述する風がない。

風がないということはスペースがない、つまり、対象との距離がとれない。先ほどの唐沢さんの本には、「異質の中に没入していって、その境界をなくし、物の視点からいろいろなことを理解する人だったのではないか」と書かれてありますが、星占い師のこじつけでも「ホンマにそうや」と思うわけです（笑）。

土と水ですから粘土の世界、粘菌の世界、そこから距離をとることができない。火の直感力で全体を照らし出すことはできますが、基本的には全部下から、全網羅的に地球というものを扱っていて、その中に埋没していく……熊楠はそういう人格の動きをしていたのではないか？

こうした占いによるアナロジーで、僕から見た熊楠のイメージを伝えてみましたが、いかがでしょうか？

鏡リュウジ　Ryuji Kagami

１９６８年、京都生まれ。心理占星術研究家・翻訳家。国際基督教大学卒業、同大学院修士課程修了（比較文化）。英国占星術協会会員。占星術のエッセンスを心理学的アプローチを混えて紹介することで、第一人者としての地位を確立。大学で教鞭をとるなど、アカデミックな世界での占星術の紹介にも取り組む。ミリオンセラー『魔法の杖』をはじめ、ユング派心理学者の著書翻訳、占い実用本まで幅広く著作活動を展開している。

http://ryuji.tv/

あとがきに代えて

〝本を読んであこがれていた冒険家のようになると、前の晩に決めたのだ。〟

あたらしい言葉、あたらしいしくみ

そろそろ、『TISSUE』の3回目の旅も終わりに近づこうとしています。

一冊の本がひとつの旅であるとしたら、僕たちはどこに向かって進んできたのでしょう？　あの雲の向こうに、おぼろげながら、新しい景色が浮かんでいるのが見えます。

井島健至さんのところの取材後記で触れましたが、1年がかりの今回の旅の始まりは、パウロ・コエーリョの『アルケミスト』でした。

井島さんからつながって、中沢新一さんのところでも、鏡リュウジさんのところでも、アルケミー、錬金術の話が出てきました。

ことばにしたかったのは、物質と物質のすき間をつなげ、鉛を金に変える、すなわちいのちの源泉とつながる何か。

この一年、さまざまな人と出会い、その人の見えている景色を眺めてきましたが、そこで感じたのは、じつはその誰もが「ことばを超えたもの」にアプローチされていたという点です。

「それはすべてのことにあてはまる原則だ」と彼は言った。

「錬金術では、それは『大いなる魂』と呼ばれているんだ。君が何かを全身全霊で欲した時、君はその『大いなる魂』と最も近い場所にいる。それはいつも、前向きな力として働くのだ」

これは、去年（２０１６年）の12月、山川紘矢・亜希子ご夫妻とのセミナーで紹介した、『アルケミスト』の一節です。

ぐるりと円環して、いつの間にか、旅の始まりにまた戻ってきたようです。

地球上にあるすべてのものは常に形を変えている。なぜなら地球は生きているからだ……そして地球には魂があるからだ。

私たちはその魂の一部なので、地球の魂が私たちのために働いていることを、ほとんど認識していない。しかし、クリスタルの店にいた時、グラスでさえ、君が成功するように協力してくれたことに、君はきっと気がついたことだろう。

この世界の物質と呼ばれるものを構成している大もとの力については、サイエンスもスピリチュアルもあまり隔てなく、その境界は、限りなく薄くなっているのを感じます。

山川さんのところまで戻ってきたのに、ページが埋まってしまって、記事にできなかったのは心残りですが……。

でも、この数年、サイエンスの世界にコミットしてきた僕が、ぐるっとまわって、スピリチュアルにつながったのも、ひとつの必然。

ハンカチーフ・ブックスが次の地平に向かうなかで、いま、そうしたことばをすべて包み込んでしまう、もっと大きなことばを手にした気持ちでいます。

今回、この本には掲載できませんでしたが、お世話になっている医師の佐古田三郎先生を取材したとき、こんな話を伺いました。

「私たちが植物を食べているのは、植物の持っている情報が必要だからなんですよ」

その情報は、植物の細胞の核のなかにあるRNAの切れ端（micro-RNA）に記録され、食事の際に取り込まれるといいます。ある膜でコーティングされているため分解されず、僕たちはその切れ端を食べているのだそうです。

切れ端にコードされているのは、「植物が生きるために培ってきた強さ」の情報。

RNAは物質ですが、取り込んでいるものの実態は、もはや物質を超えています。

あとがきに代えて

先生は栄養素の一つに数えてもいいのではないかと話されていましたが、そこまで来ると、既成の学問の枠が揺らいでしまいますね。

じつのところ、日々取材し、さまざまな人と出会っていると、こんな話はたくさんあります。

いや、時代が大きく変わろうとするなかで、科学そのもの、科学を成り立たせていた哲学そのものの揺らぎを、多くの人が感じているでしょう。

あやしげだった錬金術的な話もロゴスに上手に取り込まれ、僕たちの住んでいる日常世界の、もう表玄関のところまで来ています。

僕たちは、あたらしい融合の時代のただなかで、あたらしい言葉、あたらしい学問、それを成り立たせるしくみを探しています。

まあ、あまり目くじらを立てず、僕はこう思うのです。大きな変化のただ中にいたとしても、浮足立たず、少しだけ気持ちを抑え、まずはことばを意識しましょう、と。

誰にでも通じる、安心できることばで、ふわふわしたもののしっぽをつかまえるのです。

それまでスタンダードだったもの、揺らいで壊れかかっているものを批判したり、揶揄したりせず、その時、その時、それらすべてを大きく包み込むことばを見つけるのです。

そうやって、使えることばを増やし、世界を広げ、その意味でグローバルになり、身近な世界と、もっと小さなミクロの世界、とてつもなく大きなマクロの世界をつなげていくのです。

むずかしい？　ううん、そんなことはない。

ただ丁寧に、大きなものと小さなもの、日常と非日常を重ね描きしていく。

大変だなと思ったら、ゆっくり呼吸をして、空を見て、心を落ち着かせること。

自分を動かしている大きな力を信じること。霊性を磨くこと。優しい気持ちで、大事なものを愛する気持ちで、ここにいる練習をすること。

科学者も、哲学者も、優れた人たちは、じつはそうした挑戦をしてきました。

僕たちも学びながら、体験しながら、きっとおなじことができるはずです。

まわりを見まわして羊を探したが、すぐに彼は自分が新しい世界にいることに気がついた。

悲しくなるどころか、彼は幸せだった。もう羊のために、食べ物や水を探す必要がなかった。

そのかわりに、宝物を探しに行くことができた。

ポケットには一文もなかったが、彼には確信があった。本を読んであこがれていた冒険家のようになると、前の晩に決めたのだ。

２０１７年10月　ハワイに到着した朝に

「ハンカチーフ・ブックス」編集長

長沼敬憲

ハンカチーフ・ブックス／既刊紹介

大切なことはすべて腸内細菌から学んできた
～人生を発酵させる生き方の哲学～
光岡知足 著　2015年12月刊　1000円＋税

僕が飼っていた牛はどこへ行った？
～「十牛図」からたどる「居心地よい生き方」をめぐるダイアローグ～
藤田一照　長沼敬憲 著　2015年12月刊　1000円＋税

じぶん哲学
～シルクハットから鳩が出てくるのはマジックでしょうか？～
土橋重隆　幕内秀夫 著　2016年2月刊　1400円＋税

TISSUE vol.01
ハンカチーフ・ブックス 編　2016年4月刊　1400円＋税

ちいさなしあわせを積み重ねて
アンパスデザイナー 跡部明美 著　2016年4月刊　1400円＋税

KO’ DA STYLEのトートバッグ
ハンカチーフ・ブックス 編　2016年10月刊　1800円＋税

TISSUE vol.02
ハンカチーフ・ブックス 編　2016年10月刊　1400円＋税

遠き海原
～世界都市「江戸」誕生の物語～
吉田誠男 著　2017年4月刊　1500円＋税

バックナンバーのご購入をご希望の方は、オフィシャルサイト（http://handkerchief-books.com/）および、全国書店、オンライン書店などでご購入ください。

TISSUE vol.03　特集：まなざしのいいひと

ハンカチーフ・ブックス編集部

長沼敬憲
稲葉俊郎
桜井章一
齋藤学
佐々木俊尚
藤代健介
中村桂子
藤田一照
松山大耕
上野川修一
井島健至
中沢新一
鏡リュウジ
（敬称略・登場順）

発行日：2017 年 11 月 11 日　第 1 刷
編集：長沼敬憲（ハンカチーフ・ブックス）
デザイン：渡部忠（ハンカチーフ・ブックス）
取材協力：鈴木雅矩、尹雄大、富岡麻美、野口久美子、南方熊楠顕彰館

発行人：長沼恭子
発行元：株式会社サンダーアールラボ
〒 240-0112　神奈川県三浦郡葉山町堀内 1263-7
Tel&Fax：046-890-4829
info@handkerchief-books.com
handkerchief-books.com

乱丁・落丁本は送料小社負担にてお取り替えいたします。
本書の無断複写・複製・引用及び構成順序を損ねる無断使用を禁じます。

印刷・製本所：シナノ印刷株式会社

Printed in Japan
ISBN978-4-908609-08-4 C0010

©2017 Thunder-r-rabo Inc.